AF224900

LES REGLES DU DESSEIN ET DU LAVIS,

Pour les Plans particuliers des Ouvrages & des Bâtimens, & pour leurs Coupes, Profils, Elévations & Façades, tant de l'Architecture militaire que civile.

Par M. BUCHOTTE, Ingénieur ordinaire du Roi, Chevalier de l'Ordre Militaire de S. Louis.

NOUVELLE ÉDITION,
Revûe, corrigée & augmentée.

A PARIS,

Chez CHARLES-ANTOINE JOMBERT, Imprimeur du Roi en son Artillerie, rue Dauphine, à l'Image Notre-Dame.

M. DCC. LIV.

A MONSEIGNEUR

LE COMTE

D'ARGENSON,

MINISTRE

ET SECRETAIRE D'ETAT

DE LA GUERRE.

MONSEIGNEUR,

L'Ouvrage que j'ai l'honneur de vous présenter a pour objet une des parties du Génie qui concerne les fortifications dont le Roi vous a confié la direction géné-

a ij

rale. Dès là, MONSEIGNEUR, il entre dans les vûes que vous inspire le zéle parfait que vous avez pour le service de Sa Majesté, & le dessein où vous êtes de fournir le Royaume d'habiles Ingénieurs. Une premiere édition de ce Livre fut le fruit de mes premieres applications au Génie : de nouvelles réflexions m'ont mis en état d'y faire des changemens & des augmentations assez considérables pour me déterminer à vous l'offrir, MONSEIGNEUR, & à le mettre sous votre puissante protection.

Depuis long-tems, MONSEIGNEUR, le Corps des Ingénieurs souhaitoit passionnément de retourner sous les ordres du Ministre de la Guerre. Il se ressouvenoit, avec autant de satisfaction que de reconnoissance, de la considération où il s'étoit vû & des faveurs dont il avoit été comblé du tems de M. de Louvois. Ce que nous desirions, le Roi nous l'a donné, lorsqu'il a réuni en votre personne le Ministere de la Guerre & la Direction générale des fortifications. Quelles flateuses espérances ne nous donne pas cette disposition de notre sage Monarque, à nous qui connoisssons le fond de votre caractere toujours bienfaisant ! J'ose assurer, MONSEIGNEUR, que le Corps des Ingénieurs sera toujours parfaitement reconnoissant des graces qu'il recevra, & qu'en mon particulier, je n'oublierai rien pour mériter celles que votre bonté voudra faire tomber sur moi. C'est à quoi je me propose d'employer tout mon tems & de redoubler mes efforts pour seconder vos justes desirs & vous prouver le profond respect avec lequel j'ai l'honneur d'être,

MONSEIGNEUR,

Votre très-humble & très-obéissant Serviteur,

BUCHOTTE.

PRÉFACE.

Comme il s'agit dans l'Architecture militaire & civile, de tirer des lignes de différentes grosseurs, qui soient bien égales dans toutes leurs parties, d'en tirer aussi qui soient bien paralleles, quelquefois fort longues & fort proches les unes des autres ; comme aussi de laver entre ces paralleles, sans en sortir de la moindre chose, & de faire proprement les ombres coupées & adoucies, & que toutes ces choses ne sont pas aisées à exécuter lorsqu'on n'a pas les dispositions nécessaires pour cela, qui consistent principalement à avoir une excellente main & un grand exercice ; nous donnerons dans ce Traité, des moyens & des maximes pour y parvenir mieux qu'un autre qui n'auroit ni une bonne main, ni l'exercice requis.

Il n'en est pas de même de la théorie de ces sortes de pratiques, chacun pouvant l'acquerir, puisqu'elle ne dépend que de certaines regles, dont les unes sont naturelles,& les autres de convenance, sans lesquelles il est impossible de pouvoir dessiner de bon goût & de se faire entendre.

Ces régles & ces maximes, que nous prétendons enseigner dans ce Traité avec tout ce qui aura quelque rapport à ces sortes de desseins, sont donc absolument nécessaires ; car j'ai remarqué que de tous les écoliers de feu M. de la Bossiere le fils, qui n'enseignoit que la pratique du dessein, ceux qui n'a-

a iiij

voient pas de théorie ne se trouvoient pas en état ; après avoir appris un an entier sous lui, de faire l'original d'un dessein, ne sçachant pas quand il falloit une grosse ligne ou une déliée, une teinte forte ou une foible, une ombre coupée ou une adoucie ; ainsi ils ne sçavoient que copier des desseins, & si ces desseins étoient mal entendus, ils les faisoient de même ; à quoi nous prétendons remédier par des régles & des maximes que nous donnerons dans ce Traité, dont les unes seront fondées sur les effets naturels, & les autres sur des principes de convenance ; & si l'on n'est pas né avec une excellente main pour le dessein, on sçaura du moins dessiner de goût à pouvoir être entendu des connoisseurs, & connoître les desseins qui seront dans les régles.

A l'égard de l'accompagnement du plan en entier, je veux dire du paysage qui l'environne, il y a peu de personnes qui en fassent les terres labourées, les montagnes & les collines de bon goût, ces choses n'étant pas si aisées qu'elles le paroissent ; car il y a bien de la différence du paysage en plan, à celui qui est en perspective. Dans celui-ci, pour peu que l'on profile les objets tels qu'on les voit d'après nature, ils font toujours leur effet. Il n'en est pas de même du paysage en plan ; si les montagnes & les collines, qui doivent y être représentées à vûe d'oiseau, c'est-à-dire d'une maniere écrasée, à cause que l'on a besoin de connoître l'étendue de leur bafe, ne font pas traitées de bon goût, elles ne font point leur effet, ou n'en font qu'un défagréable à la vûe : de même fi les terres labourées ne font pas fillonnées & arrangées dans un certain goût, qui ne foit pas affecté ni trop confus, elles ne font auffi qu'un effet fort defagréable.

Pour ce qui eft donc du goût de l'accompagnement du plan en entier, nous enfeignerons celui de M. Laury, premier Deffinateur du Bureau général des fortifications, ainfi que celui de feu M. de la Boffiere le fils, defquels nous avons appris ces fortes de deffeins. Nous dirons en paffant du premier, qu'il deffine auffi dans la derniere propreté l'Architecture civile, dont il entend très-bien les cinq Ordres, en ayant fucé dès fa tendre jeuneffe les principes fous un des plus habiles Maîtres de l'art.

Je n'avois d'abord fait qu'un petit recueil de quelques obfervations pour mon inftruction particuliere, & pour décharger ma mémoire des chofes & des idées qui me venoient chaque jour, dans le tems que j'étois encore très-novice dans le Genie, aufquelles voulant donner quelque ordre pour mon utilité, je me trouvai infenfiblement engagé de faire ce Traité complet, que j'ai hazardé de mettre au jour à la follicitation de quelques-uns de mes amis, aufquels j'avois eu la foibleffe d'en montrer le manufcrit, parce qu'ils m'y avoient trouvé la plume à la main.

J'ai donc divifé cet Ouvrage en trois parties,

dont chacune eſt ſubdiviſée en pluſieurs ſections qui indiquent les principales matieres qui y ſont contenues. Dans la premiere partie je traite des couleurs, des inſtrumens & des autres choſes néceſſaires pour le *Deſſein* & pour le *Lavis*.

La ſeconde contient quelques définitions, avec pluſieurs obſervations ou régles de convenance, & des maximes pour la pratique du *Deſſein* & du *Lavis*, des plans particuliers des ouvrages & des bâtimens civils, ainſi que de leurs coupes, profils, élévations & façades.

Et la troiſiéme renferme le détail de toutes les parties du plan en entier d'une place & de la carte particuliere de ſes environs; comme auſſi de celle d'une élection, d'une province & d'un royaume.

Cette nouvelle édition eſt augmentée d'une table des matieres, très-ample & rangée par ordre alphabetique, dans laquelle on a tâché de rapprocher & remettre ſous un même coup d'œil les choſes qui ont du rapport entr'elles & qui ſe trouvent diſperſées en différens endroits de cet Ouvrage.

On a auſſi refondu dans cette édition les corrections & additions, ainſi que le ſupplément que l'Auteur avoit ajouté à la derniere quelque tems après ſa publication, & l'on a placé chacune de ces additions à l'endroit où elle appartenoit; ainſi l'on a tout lieu d'eſpérer que le Public recevra cette nouvelle édition avec la même ſatisfaction & le même empreſſement qu'il a reçu les précédentes.

TABLE

Des Sections contenues en ce Volume.

PREMIERE PARTIE.

SECONDE PARTIE.

TROISIEME PARTIE.

Fin de la Table des Sections.

LES

LES REGLES
DU DESSEIN ET DU LAVIS.

PREMIERE PARTIE.

SECTION I.

Des couleurs propres au Dessein & au Lavis des Plans, coupes, profils, élévations, & façades; & de leur choix.

LES couleurs dont on se sert ordinairement pour le Dessein & le lavis des plans, coupes, &c. sont l'encre de la Chine, le carmin, l'outremer, la gomme-gutte, le verd-de-gris liquide, appellé communément, *couleur d'eau*, le bistre, l'Inde, ou indigo fin, le verd de vessie, le verd d'Iris, le bleu de Prusse, & le vermillon.

L'encre de la Chine est une composition en forme de pains, ou en bâtons de différentes grandeurs & figures, ornés de tous les

A

côtés d'une impreſſion de caractères & de figures d'animaux du pays, dont la plûpart des caractères, qui ſont en creux, ſont remplis d'une feuille d'or (*a*). La meilleure eſt d'un noir luiſant, un peu rouſsâtre, & aſſez dure à détremper. On en contrefait en Hollande & à Paris ; mais il s'en faut beaucoup qu'elle ſoit ni ſi bonne, ni ſi belle que celle de la Chine ; & parmi celle qui eſt contrefaite, il y en a qui eſt fort graveleuſe. Pour donc connoître la véritable encre de la Chine, il ne faut que frotter le bout du pain avec un peu d'eau, & faire de l'encre ; enſuite laiſſer ſécher le pain, & lorſqu'il ſera ſec, ſi l'endroit que l'on a frotté eſt trouble & graveleux, c'eſt une marque infaillible qu'elle ne vaut rien ; ſi au contraire il eſt uni, clair & luiſant, c'eſt une preuve certaine qu'elle eſt bonne, & par conſéquent véritablement de la Chine ; car on n'en fait point de bonne ailleurs. Cette encre eſt d'une néceſſité abſolue pour laver les deſſeins d'Architecture civile & militaire.

Le carmin eſt en poudre impalpable. Pour être beau & bon, il doit être de couleur de feu vif, & non tirant ſur le ſang de bœuf ; ainſi le plus foncé en couleur n'eſt pas le plus beau, ni le meilleur. Pour mar-

____

(*a*) Il y en a où l'or eſt faux ; ce qui ſe connoît par ſa pâleur, & que dans la ſuite il s'y fait, ſur cet or, du verd-de-gris.

que infaillible de fa bonne ou mauvaife qualité, fi après l'avoir délayé avec de l'eau gommée dans un vafe de fayence, il ne fe dépofe pas bien, je veux dire que le vafe en foit comme marbré, il n'eft pas bien bon ; fi au contraire le vafe en eft entierement dé-taché, il eft beau & bon ; il ne peut pas l'être trop pour laver, mais pour tirer des lignes, il n'eft pas abfolument néceffaire qu'il foit fi beau. Au furplus, le plus beau foifonne da-vantage que le commun.

L'outremer eft auffi en poudre impalpa-ble ; il doit être d'un bleu célefte, affez tendre, & non tirant fur le turquin ; ainfi le plus pâle en célefte, eft le plus beau étant employé.

Le bleu de Pruffe, qui n'eft en ufage que depuis quelques années, eft une efpéce de pierre friable ; cette couleur approche fort de celle de l'Inde, ou *indigo*, & n'eft pas plus belle. Pour l'employer au lavis & à la mi-niature, il faut le broyer fur un marbre bien propre, à fec ; au furplus, cette couleur n'eft pas plus aifée à employer dans le lavis, que l'Inde fin & l'outremer.

La gomme-gutte eft une gomme réfineufe, qu'on apporte des Indes en morceaux affez gros, le plus fouvent en fauciffons durs, mais caffans, extrêmement jaunes. Elle vient de Siam, de la province appellée *Cambau-dia*, voifine d'un Royaume de la Chine.

Elle fort par incifion d'une efpéce d'arbrif-
feau épineux, rameux, rampant fur les arbres voifins. Son tronc eft plus gros que le
bras. Les Indiens y font des incifions par
lefquelles il fort un fuc liquide, qui s'é-
paiffit en peu de tems au foleil. Elle purge
violemment, par haut & par bas, les hu-
meurs féreufes. On s'en fert dans l'hydro-
pifie, dans la galle, dans les demangeaifons;
c'eft un remede. Cette gomme fert auffi à
peindre en miniature; & enfin elle eft d'un
grand ufage dans les deffeins de Fortification, & fert particulierement pour en laver
les projets, & tous les ouvrages qui fe font
pour un fiége, comme tranchées, & autres. Il n'y a aucun choix pour cette couleur, & on en a fuffifamment pour deux ou
trois fols.

Le verd-de-gris liquide, ou couleur d'eau,
pour être beau, doit être d'un bleu célefte,
& non tirant fur le verd, comme celui que
l'on vend chez les Droguiftes à Paris, qui
eft plus verd que bleu. Cette couleur eft
très-néceffaire pour repréfenter les eaux,
& l'on ne peut guères s'en paffer. Nous donnerons dans la Section IV la maniere d'en
faire de belle.

Le biftre eft une couleur de bois; il n'y a
aucun choix à faire, parce que l'on ne peut
pas le faire mauvais. Cette couleur fert, dans
les deffeins, pour laver les ouvrages de char-

pente & de menuiserie. On en vend de fec dans des coquilles, & de liquide dans de petites fioles de verre; il n'eft pas fi cher de moitié que la couleur d'eau. Au défaut de cette couleur, on fe fervira du troifiéme mêlange de la Section IV.

L'Inde, ou indigo fin, eft ordinairement en petits pains de figure conique, ou bien ronde d'un côté & plate de l'autre, comme la moitié d'un gros pois, & à peu près de cette groffeur l'un & l'autre. Sa couleur eft d'un bleu turquin. Il fert pour laver tout ce qui doit être de verre, de fer & d'ardoife, felon les différentes teintes; & comme il n'eft pas aifé à employer uniment, nous donnerons dans la Section III la maniere de faire une couleur pour le même ufage, qui fera plus belle & beaucoup plus facile à employer.

Le verd de veffie, qui eft le fuc épaiffi du *noirprun*, porte fa gomme. Ce fuc étant fec, eft caffant & friable. Il eft d'un verd brun, avant que d'être employé, & étant employé, il eft d'un verd jaunâtre. Il n'y a point de choix pour cette couleur, & on en a fuffifamment pour deux ou trois fols.

Le verd d'iris, qui eft le fuc épaiffi de la fleur dont il porte le nom, porte fa gomme. Il fe vend en coquille. Ce verd eft plus beau & plus gai que le verd de veffie, & fert aux mêmes ufages.

A iij

Le vermillon eſt en poudre impalpable; le plus foncé en couleur eſt le plus beau & le meilleur. Il eſt très-propre pour laver les couvertures de tuile des bâtimens particuliers. Il eſt encore utile dans les cartes particulieres d'une place, comme on le verra.

De toutes ces couleurs, il n'y a que la gomme-gutte, l'outremer, & l'indigo fin, dont le lavis ait un corps épais; mais comme les deux dernieres ſont difficiles à employer uniment, ainſi que nous l'avons déja dit, nous donnerons dans la Section III la maniere de faire des couleurs, par le mélange de quelques-unes qui tiendront lieu de celles-ci, & qui feront très-faciles à employer uniment.

SECTION II.

De la maniere de préparer les couleurs propres au Deſſein & au Lavis de l'Architecture militaire & civile.

LE carmin, l'outremer, le vermillon, le bleu de Pruſſe, ſe délayent avec de l'eau gommée, en les mêlant avec le bout du doigt dans un petit vaſe de fayence, ou dans des coquilles, obſervant que le bout du

doigt & le vase ne soient point gras ni mal-
propres: mais comme le carmin & l'outremer sont assez chers, & que ce qui s'est attaché au bout du doigt est autant de perdu,
je me sers, pour délayer ces deux couleurs,
d'un bâton d'yvoire d'environ trois ou quatre
lignes de diamétre, plat aux deux bouts,
l'un desquels sert pour le carmin, & l'autre
pour l'outremer.

Nota, qu'il faut faire peu de ces deux couleurs à la fois, sur-tout du carmin, parce que
chaque fois qu'on le délaye, il noircit, c'est-
à-dire qu'il devient comme du sang de bœuf;
& si-tôt qu'on ne s'en sert plus, il faut les
serrer dans la boîte, après les avoir enve-
loppées d'un papier, attendu que l'air les
gâte, & que la poussiere les rend sales.

A l'égard de l'encre de la Chine, on la
délaye en frottant le pain avec de l'eau, dans
un vase de fayence ou dans une coquille,
jusqu'à ce qu'elle soit assez noire pour l'usage
qu'on en doit faire, observant aussi d'en
faire peu à la fois, & de la serrer, comme
nous avons dit, si-tôt qu'on ne s'en sert plus,
à cause de la poussiere, qui la rend sale &
boueuse. Il y en a qui mettent fondre des
morceaux d'encre de la Chine, & qui en
font beaucoup à la fois; mais cette maniere
est très-défectueuse, & n'est point suivie,
& ceux qui en usent ainsi font connoître
qu'ils ne font pas bien au fait du lavis,

parce qu'ayant de l'encre faite pour long-
tems, la pouffiere qui tombe des planchers,
chaque fois que l'on s'en fert, jointe aux
atômes dont la chambre eft remplie, ren-
dent l'encre limoneufe; il eft donc mieux
de faire peu d'encre à la fois; il en doit être
de même des autres couleurs. De plus, l'encre de la Chine préparée de cette maniere,
eft toujours boueufe, & ne coule pas bien
de la plume lorfqu'on tire des lignes.

Pour ce qui eft de l'indigo, on le met
tremper dans de l'eau gommée, & quand
il eft fondu, on le broye avec le bout du
doigt.

On met fondre auffi la gomme-gutte, mais
dans de l'eau non gommée, parce que cette
couleur porte fa gomme. On peut encore
faire de cette couleur, en frottant le mor-
ceau de gomme-gutte dans le vafe, ou dans
la coquille, avec de l'eau, comme lorfqu'on
fait de l'encre de la Chine, & cette maniere
vaut mieux.

Enfin le verd-de-gris liquide, ou couleur
d'eau, & le biftre, portent auffi leur gomme. Ces deux couleurs étant toujours liquides, on les conferve dans des fioles de verre;
à l'égard du biftre, on en vend de fec dans
des coquilles.

Nota, que lorfqu'on a laiffé fécher quelque refte de *couleur d'eau* dans le vafe dont
on s'eft fervi pour faire la teinte, on l'en

détachera avec du vinaigre, n'étant pas aifé
d'en venir à bout avec de l'eau commune.

L'eau gommée fe fait avec la gomme
Arabique, dont on choifit la plus blanche,
afin qu'elle ne gâte point les couleurs. La
dofe eft d'un gros & demi de gomme dans
un verre d'eau claire; on en peut mettre jufqu'à deux gros.

SECTION III.

Du mélange de quelques couleurs.

1. **B**Leu & jaune font verd; c'eft pourquoi la gomme-gutte avec l'outremer,
ou le bleu de Pruffe, font un très-beau verd.

2. La gomme-gutte avec la couleur d'eau,
font auffi un verd gai.

3. On rend auffi le verd de veffie fort gai,
en y mêlant un peu de couleur d'eau.

4. Jaune & rouge font une couleur de
bois, de terre, & de fable, felon que l'on
met un peu plus de l'un que de l'autre; ainfi
avec la gomme-gutte & un peu de carmin,
on fait une couleur propre à laver les foffés
fecs des ouvrages; en mettant un peu moins
de carmin, elle convient pour la charpente;
en en mettant encore moins, elle eft propre
pour les fables; & en mettant, avec ces deux
couleurs, très-peu d'encre de la Chine, on

en fait une qui convient pour les terres labourables.

5. Noir & bleu font un gris d'ardoife ; ainfi le bleu de Pruffe, ou l'indigo, avec très-peu d'encre de la Chine, font une couleur très-propre à laver tout ce qui eft de fer ou d'ardoife ; & en mettant la teinte affez claire, elle convient parfaitement pour le verre. La couleur d'eau avec très-peu d'encre de la Chine, fert au même ufage. On doit préférer ce dernier mélange à l'indigo & au bleu de Pruffe, à caufe qu'ils font difficiles à employer uniment.

6. Le bleu de Pruffe, avec très-peu de verd de veffie, ou d'iris, ou de couleur d'eau, font auffi une couleur qui eft encore très-propre pour exprimer tout ce qui eft de verre, en mettant de même la teinte fort claire.

7. Bleu & rouge font pourpre ; fi le bleu domine, violet ; fi c'eft le rouge, gris-de-lin ; ainfi le carmin avec l'outremer font une couleur de pourpre & de gris-de-lin très-belle.

SECTION IV.

De la maniere de faire le verd-de-gris liquide, ou couleur d'eau, comme aussi le bistre, le verd de vessie, le verd d'iris, & la colle à bouche.

PREMIEREMENT,

Pour faire la couleur d'eau.

PRenez deux onces de verd-de-gris ordinaire, une demi-once de tartre blanc de Montpellier, & gros comme une noisette de gomme Arabique; mettez le tout en poudre grossiere, dans un pot de terre plombé neuf; jettez dessus ladite composition trois verres d'eau commune, & la faites infuser sur la cendre chaude, en hyver pendant deux ou trois heures, & en été dans une fiole de verre exposée à l'ardeur du soleil pendant environ quinze jours. Ensuite filtrez la liqueur à travers un papier gris, du plus fin, que l'on ajustera dans un entonnoir de verre sur une bouteille aussi de verre fort, dans laquelle on gardera ladite liqueur, que l'on bouchera bien avec du liége recouvert de cire.

Pour faire le biſtre.

Prenez de la ſuye de cheminée, la plus luiſante qu'il ſera poſſible, concaſſez-la, & la faites infuſer dans de l'eau, ſur la cendre chaude, tant que la liqueur ſoit aſſez haute en couleur, & la filtrez, comme nous l'avons dit pour la couleur d'eau.

Lorſqu'on voudra avoir le biſtre ſec, on le fera ſécher dans des coquilles au ſoleil, ou au four en hyver quand le pain eſt tiré, en rempliſſant la coquille à meſure que la liqueur ſéche ; & ſi c'eſt au four, il faut prendre garde de laiſſer brûler cette liqueur. On connoîtra qu'elle ſera aſſez ſéche, quand elle ſera d'une conſiſtance de cire molle, ou de miel, & non comme de la pierre ; car alors la gomme du biſtre étant trop deſſéchée, il ne peut pas ſe détremper.

Nota 1°. Qu'il faut que ces liqueurs ſoient froides lorſqu'on les filtre ; car ſi elles étoient chaudes, la chaleur ouvrant trop les pores du papier, il paſſeroit avec la liqueur un fin limon qui ôteroit la beauté de la couleur.

2°. Que ſi l'on n'avoit pas d'entonnoir de verre, on en feroit un avec un verre commun à boire, de figure conique, & non en culotte de Suiſſe, en lui ôtant le pied, enſorte qu'il en ſoit percé ; ce qui eſt aiſé à faire, en mettant un gros fil ſouffré autour de l'endroit le plus étroit du verre, auquel on mettra le feu, & lorsque ce fil sera enflammé tout autour, on trempera le pied du verre dans de l'eau froide jusqu'à l'endroit du fil souffré, où il ne manquera pas de se casser net, comme on le souhaite, ou bien on le fera couper par un vitrier.

3°. Et qu'enfin il n'est point absolument nécessaire que la suye de cheminée soit luisante, comme nous l'avons dit ci-devant.

Pour faire le verd de vessie.

Prenez de la graine de *noirprun* bien mure, & la pilez dans un mortier de marbre; ensuite exprimez-en le suc à travers un gros linge, & le mettez sécher dans une vessie.

Pour faire le verd d'iris.

Prenez des fleurs d'iris, des plus bleues, ôtez-en la côte, qui est ordinairement blanche, pilez ces fleurs dans un mortier de marbre, en y ajoutant de la poudre d'alun & un peu de chaux en poudre; tirez ensuite le suc, & le faites sécher dans des coquilles.

Pour faire la colle à bouche.

Prenez une once de colle de Flandre (*a*) la plus claire & la plus blanche, c'est-à-dire la moins jaune, & la mettez tremper pen-

(*a*) L'épaisseur de cette colle est à peu près celle d'un écu, un peu plus ou un peu moins.

dant dix ou douze heures ; enfuite tirez-la hors de l'eau, & la faites fondre fur de la cendre chaude, dans quelque pot de terre neuf, & y ajoutez une demi-once de fucre blanc ordinaire, puis la verfez dans le creux d'une affiette d'étain ou de fayence, qui fera pofée bien de niveau ; & lorfque la colle fera refroidie, on la coupera par tablettes d'environ un pouce de largeur fur toute la longueur qui fe trouvera, & l'on fera enforte qu'elle aye une bonne ligne d'épaiffeur. Enfin on enfilera ces tablettes, que l'on mettra fécher à l'ombre.

On pourra, au lieu d'affiette, fe fervir d'un moule de fer blanc, comme ceux dont on fe fert pour les bifcuits.

Cette colle eft très-commode pour coller quelques feuilles de papier enfemble pour deffiner ; voici comme on s'en fert.

On met un bout de cette colle dans la bouche, on la tient avec les lévres ou les dents, & lorfqu'on fent que la falive eft bien gluante, on frotte avec cette colle les deux extrêmités du papier que l'on veut coller, puis on met un morceau de papier blanc deffus l'endroit collé, & l'on frotte deffus avec l'ongle, pour faire prendre la colle, & la faire fécher promptement ; mais cela ne fe peut faire que par parties d'environ deux pouces de longueur tout au plus ; & afin que

la couture foit bien droite , on colle d'a-
bord les deux bouts , comme nous l'avons
dit , enfuite on colle le milieu , puis on va
aux deux bouts , enfuite on revient au milieu , & toujours alternativement , pour donner le tems au dernier endroit collé de
fécher ; mais il faut que la couture , pour être
propre , foit petite , c'eft-à-dire de deux ou
trois lignes de largeur au plus.

SECTION V.

*Des plumes , & des fortes de grandeurs
de papiers propres au Deffein & au
Lavis , & de la pierre de mine de
plomb fine d'Angleterre , appellée communément* crayon noir.

Premierement , des plumes.

LES meilleures plumes pour deffiner
l'Architecture militaire & civile , font
les bouts d'aîles ; celles de l'aîle droite ,
c'eft-à-dire celles dont le côté de la plus
grande barbe regarde le pouce , font mieux
en main pour deffiner & pour écrire. On
doit toujours choifir les plus claires & les
moins dures , parce que les plus claires fe
fendent plus nettement , & les moins dures

étant moins épaisses, sont plus faciles à tailler pour les lignes déliées ; & comme l'on prétend que les plus vieilles sont les meilleures pourvû qu'elles ayent été gardées en lieu sec, il sera bon d'en faire une provision de deux ou trois cens. Il en est de même des plumes de corbeau, qui sont très-propres pour dessiner le paysage : à l'égard des plumes de cigne, elles ne sont propres que pour faire les bordures ou cadres des desseins.

Du papier.

Le papier à dessiner, pour être bon, doit être d'un grain fin & bien uni ; il doit aussi avoir un corps uniforme & non raboteux par intervalle, autant qu'il sera possible, ce que l'on connoîtra, en regardant le jour à travers ; mais il doit être sur-tout bien battu & bien lavé. On connoît qu'il est bien battu lorsqu'il est bien uni, & que le grain ne paroît point : pour lavé, on n'en peut donner aucun indice certain, il le faut prendre sur la bonne foi du Marchand ; au surplus il doit être d'un beau blanc.

Les marques ordinaires des papiers à dessiner, sont le *grand Aigle*, dont la feuille a environ 24 pouces de hauteur, sur 35 de largeur.

Le *grand Çolombier*, qui a 21 pouces sur 31.

Le

Le *Nom de Jesus*, 18 pouces sur 25.

Le *grand Raisin*, 17 pouces sur 22.

Le *Compte*, ou *à la Pompone*, 14 pouces sur 18.

Et celui *à la Telliere*, 12 pouces sur 16.

Il y a encore un autre papier *à la fleur de lys*, qui est très-bon. Il a 14 pouces sur 19.

Voila les marques les plus ordinaires des papiers à dessiner.

Notez que la force ou l'épaisseur de ces papiers est proportionnée à leur grandeur; ainsi le grand Aigle est plus fort que le grand Colombier, celui-ci plus fort que le Nom de Jesus; ainsi des autres.

Il est bon de dire encore, que plus le papier est vieux, mieux on lave dessus; pourvû qu'il ait été en lieu sec; c'est pourquoi il est encore bon d'en faire une provision raisonnable, sur-tout quand on en trouve de beau & bon.

On vend aussi un papier très-mince, que l'on nomme *papier à la serpente*, ensorte qu'étant appliqué sur l'écriture, ou sur quelque dessein, il n'empêche pas d'en voir les traits; par conséquent ce papier est très-propre pour tirer ou copier des desseins que l'on ne peut pas piquer, comme le paysage & autres. Il est encore propre pour copier ceux que l'on ne pourroit pas appliquer à la vitre.

B

On peut rendre le papier à la ferpente très-tranfparent, en paffant par-deffus un vernis blanc ficcatif.

Nota. Que pour tirer des deffeins, le papier à la ferpente huilé avec l'huile de térebenthine, eft à préférer à celui qui eft verni, parce que l'encre s'étend fur celui-ci comme fur du mauvais papier, ce qui fait que les traits font gros, & que lorfqu'on veut calquer les traits que l'on y a tracés, ce papier fe caffe.

De la pierre de mine de plomb.

On appelle le crayon noir, *pierre de mine*, parce que c'eft en effet de la mine de plomb dont il eft fait. Il y a de la mine de plomb fine & de la commune. Parmi la fine, il y en a de trois qualités ; fçavoir, de fort tendre, de moins tendre, & de très-dure.

La tendre a la coupe unie & luifante ; ainfi la pointe du crayon s'émouffe aifément, & dure peu ; de forte qu'il faut la refaire fouvent, ce qui eft incommode. La moins tendre eft la meilleure & d'un bon ufage ; elle a auffi la coupe unie & luifante. Et enfin la dure ne marque point, fi ce n'eft en appuyant fortement, ce qui gâte le papier, comme fi on l'avoit calqué ; cela fait auffi que l'on ne peut pas effacer les traits de crayon avec la mie de pain, & cette derniere n'a pas la coupe fi unie ni fi luifante que les deux autres.

A l'égard de la commune, elle est si tendre & si graveleuse, que l'on a de la peine
à y faire une pointe sans l'émousser ou la
casser ; & quand on y réussit, cette pointe
ne dure pas long-tems, ce qui fait que cette
pierre de mine n'est pas si estimée, à beaucoup près, que la fine, qui est dix fois plus
chère.

Il y a de la pierre de mine fine, & de la
commune, dans de petits bâtons d'un bois
tendre & doux à la coupe. Ces bâtons ont
ordinairement six à sept pouces de longueur,
& sont de différentes grosseurs pour les bois ;
car pour les crayons qui sont dedans, ils sont
tous, à peu près, de la même grosseur ; au
surplus, ces crayons en bois sont très-com-
modes, & font plus de profit que ceux qui
ne sont pas dans du bois, puisque six crayons
d'un pouce de longueur chacun, qui coute-
ront douze sols, donneront six bouts de
trois lignes au moins chacun, dont on ne
peut plus se servir, lesquels six bouts feront
ensemble un crayon & demi, c'est-à-dire,
trois sols, & douze sols d'achat pour les six
crayons, font quinze sols, pendant qu'un
crayon en bois de sept pouces de longueur,
ne coûtera que sept à huit sols, & ne donnera qu'un bout, qu'on pourra user en le
mettant dans un porte-crayon.

SECTION VI.

*Des instrumens, & des autres choses né-
cessaires pour le dessein de l'Architecture militaire & civile, & d'un chassis
à verre. Planches 1. 2. & 3.*

LES instrumens les plus nécessaires sont
le compas, la régle, l'équerre, le rapporteur, le porte-crayon, le porte-éguille,
ou piquoir, un chassis à verre, & les pinceaux. Comme ces instrumens sont assez
connus, on ne s'arrêtera pas à en donner
les figures, si ce n'est de quelques-uns, pour
faire voir comme ils doivent être faits pour
être plus commodes & d'un meilleur usage, & enfin pour faire voir ce qu'on peut
ajouter à quelques autres pour les mêmes
raisons.

Il faut donc au moins deux compas de
cuivre, l'un de six pouces, & l'autre de quatre, tous deux à l'Allemande, & à pointes
changeantes, dont une sera à l'encre, l'autre en porte-crayon, qui sera à charniere,
afin que le compas étant beaucoup ouvert,
l'on puisse mettre le crayon à plomb sur le
papier, par le moyen de la charniere.

On pourra mettre le petit compas de quatre pouces dans un étui , avec un porte-crayon à coulans , aussi de quatre pouces, qui sera à huit pans. Cet étui sera très-commode à porter dans la poche , & beaucoup plus utile que le porte-crayon qui renferme un compas qui se met à vis , parce que celui-ci ne peut pas avoir de pointes changeantes.

Notez que le porte-crayon à coulans doit renfermer un piquoir.

On pourra encore avoir un porte-crayon à ressort, qui se pousse par les deux bouts, pour porter aussi sur soi dans un étui particulier ; mais il faut qu'il soit de cinq pouces de longueur sur quatre lignes de grosseur hors d'œuvre, afin qu'on y puisse mettre un crayon d'un pouce de longueur. Il sera bon encore qu'il soit à huit pans , sur l'un desquels les pouces seront marqués, dont un sera divisé en lignes.

\ *Nota.* Que la petite fosse ronde que l'on fait à la pointe à l'encre des compas pour l'emplir d'encre, est un abus , parce qu'il est impossible que l'encre y puisse tenir un seul moment , sans tomber tout d'un coup dans la canelure, & de là sur le papier, où elle fait ce qu'on appellé *pâté* en écriture ; cette petite fosse est donc absolument inutile.

Le porte-éguille , ou piquoir, pour être à plusieurs usages , doit être composé de deux piéces qui se montent à vis ; l'une qui porte l'éguille par un de ses bouts, & sert de calquoir par l'autre bout : à l'égard de l'autre piéce, elle sert à renfermer l'éguille par un de ses bouts, & par l'autre elle porte un crayon, comme il est évident par la *Fig. 1. Planche 1.* Cet instrument doit être de cuivre, & long au moins de trois pouces & demi, sur quatre lignes de diamétre hors d'œuvre, afin d'y pouvoir mettre un crayon d'un pouce de longueur.

Pour ce qui est du rapporteur, il est plus commode de corne que de cuivre.

Les *régles* doivent être d'un bois sec, afin qu'il ne soit pas sujet à se tourmenter. Les bois qui se tourmentent le moins sont l'ébéne & le bois d'Inde ; mais l'encre que la plume communique à la régle, coule trop sur ces sortes de bois, à cause de leur dureté, qui empêche qu'elle ne s'y attache assez pour y pouvoir tenir ; de maniere qu'elle s'en échappe aisément, & tombe sur le papier, ce qui fait que nous préférons le pommier, le poirier, le cornouillier, le cormier & le sauvageon, quoique ces sortes de bois soient plus sujets à se tourmenter. Si le sapin pouvoit se rendre uni, il seroit le plus propre pour faire des régles, parce qu'il se tourmente moins que les autres ; cependant nous nous en servirons pour les *grandes régles* à faire les bordures des desseins.

Présentement nous dirons qu'il est néceffaire d'avoir quatre *régles* ; la premiere, qui foit de fix pouces de longueur fur quatre lignes d'épaiffeur au plus. La feconde, d'un pied de longueur fur la même épaiffeur & largeur. La troifiéme , d'un pied & demi de longueur fur deux pouces de largeur & quatre lignes d'épaiffeur. Et la quatriéme, de deux pieds & demi de longueur, fur la même largeur & épaiffeur.

Il eft encore néceffaire d'avoir une *équerre* de même bois & de même épaiffeur que les régles, dont un côté ait au moins huit pouces de longueur, & l'autre fix pouces.

Notez.que ce n'eft pas affez que les *régles* foient dreffées des deux côtés , il eft encore néceffaire que leur largeur & leur épaiffeur foient bien jaugées ; on en connoîtra l'utilité dans la pratique. Il n'y a que les Ebeniftes qui puiffent bien dreffer les régles.

Les *pinceaux* feront des groffeurs marquées par les *Fig. 3. & 4. Pl. 1.* Il fera bon d'en avoir une douzaine des moyens, marqués par la *Fig. 3.* & trois ou quatre gros, comme la *Fig. 4.* Les moyens & les gros, pour être bons & propres à laver , doivent faire la pointe raifonnablement forte, étant humectés , tels qu'ils font repréfentés par les *Figures 3. & 4.* & non foible, comme la *Figure* 2. Il ne faut pas non plus que la pointe foit émouffée. Les moyens font dans

des tuyaux de plumes d'oyes, & les gros
dans des plumes de cignes.

Il sera bon d'avoir trois ou quatre canifs,
parce qu'on se trouve souvent dans de petites places où l'on n'en trouve pas de fins,
& faute d'un bon canif on ne peut pas bien
tailler une plume. Ceux qui ont de gros man-
ches sont mieux en main.

Il sera encore bon d'avoir une demi-dou-
zaine de pinces de cuivre à coulans, pour
tenir en état les desseins & le papier sur lequel on doit faire la copie du dessein ; mais
il faut que ces pinces soient les plus légeres
qu'on le pourra.

Outre ces instrumens, il sera à propos de
faire provision d'une douzaine d'éguilles
fines, pour piquer les desseins que l'on voudra copier, & deux ou trois douzaines d'é-
pingles jaunes à faire de la dentelle, pour,
au défaut des pinces, attacher ce que l'on
veut copier.

Il faut aussi avoir une douzaine de petits
vases de fayence pour mettre les teintes, qui
soient environ de deux pouces de diamétre
sur neuf lignes de hauteur au plus, & qui
soient de la forme marquée par la *Figure 1.*
Planche 3. ayant le bord droit, & non ren-
versé, comme ceux où l'on met de la pom-
made, pour les raisons que l'on connoîtra
dans la pratique.

On pourra se servir d'un chevalet de bois, tel qu'il est représenté par la *Figure* 2. *Planche 3.* pour tenir les vases dans une situation à pouvoir prendre aisément de la couleur avec la plume.

Il est encore nécessaire d'avoir trois ou quatre petites phioles de verre, d'environ deux pouces de hauteur, pour le bistre liquide, la couleur d'eau, & l'eau gommée.

Pour serrer le petit équipage de couleurs, avec leurs vases, les pinceaux, les plumes, les crayons en bois, le porte-éguille, le canif, & autres, on pourra avoir une boîte d'un bois mince, comme de trois lignes d'épaisseur, faite suivant le dessein & les dimensions marquées dans la *Planche* 2. dont voici l'explication.

Premièrement, le fond de cette boîte est divisé en huit compartimens, comme il est aisé de le voir par la *Figure* 1. qui en représente le plan, & la *Figure* 2. le profil. Les quatre marqués *A*, ont chacun sept pouces de longueur sur deux pouces & demi de largeur, & un pouce de profondeur, pour mettre douze petits vases de fayence ; & les quatre marqués *B*, ont un pouce & demi chacun de largeur, sur deux pouces de profondeur dans œuvre, qui est celle de toute la boîte. De ces quatre derniers compartimens, deux serviront pour mettre les petites phioles, & les deux autres les provisions de couleurs qui ne feront point délayées, ainfi que les crayons, l'encre de la Chine, les éguilles, les épingles, & autres petits uftenfiles.

Enfin deffus l'efpace des quatre compartimens marqués *A*, on mettra une autre boîte plate fans couvercle, marquée *C*, dont la *troifiéme Figure* repréfente le plan, & la quatriéme le profil, laquelle eft divifée dans fa largeur en deux compartimens marqués *C*, dont la profondeur eft l'efpace compris depuis le deffus des compartimens marqués *A*, jufques deffous le couvercle de la boîte entiere. L'un de ces deux compartimens marqués *C*, fervira pour mettre les plumes taillées, les pinceaux & le canif, & l'autre pour les compas, le porte crayon, le porteéguille, ou piquoir, & les pinces à coulans; & cette petite boîte étant mouvante, s'ôtera & fe remettra fur les vafes de fayence, & leur fervira de couverture.

Les Ingénieurs & les Deffinateurs qui feront de campagne, je veux dire qui fuivront l'armée, ou qui ferviront aux fiéges, auront un étui d'yvoire d'une douzaine de coquilles.

Et afin qu'il ne manque rien de tout ce qui peut être utile & commode pour deffiner, nous allons donner la conftruction & les proportions d'une table contre laquelle on pourra s'appuyer l'eftomac fans gâter le

papier fur lequel on deffine, laquelle fera
très-commode, fur-tout pour les grands deffeins, parce que le papier étant en partie
deffous la table, il n'embarraffe point deffus ladite table.

Le deffus de cette table, qui fera de bois
de noyer, ou de hêtre, s'il eft poffible, à
caufe qu'ils font plus unis & plus doux fous
le canif, lorfqu'on a quelque papier à couper à la régle, aura cinq pieds de longueur,
compris les deux emboîtures *a*, fur deux
pieds & demi de largeur. Ce deffus fera
compofé de quatre planches, *b*, *c*, *d*, *e*,
qui feront affemblées à tenons & mortaifes
dans les deux emboîtures *a*, en laiffant une
ouverture d'un demi-pouce entre les planches *b c*, & *d e*, pour paffer le papier *X*, fur
lequel on doit deffiner, obfervant d'abattre
en quart de rond, l'arrête des planches *c d*,
du côté de l'ouverture, ainfi qu'il eft aifé de
voir par la *Figure 4. Planche 3.* afin que le
papier ne faffe point de plis en cet endroit,
& de ne donner que quatre ou cinq pouces
de largeur à chacune des deux planches *b*
& *e*, obfervant auffi d'arrondir le devant de
cette derniere, contre laquelle on doit s'appuyer l'eftomac.

A l'égard du pied de la table, il fera bon
qu'il foit de chêne, ou de tout autre bois
fort, afin que l'affemblage à tenons & mortaifes en foit folide. On ne mettra point de

traverſe au bas des pieds de la table par le devant ni par le derriere, mais bien par les côtés, & une autre par le milieu, aſſemblée dans les traverſes des côtés.

Pour ce qui eſt de la hauteur de cette ta-ble, on lui donnera deux pieds deux pouces, ce qui fera, avec l'épaiſſeur du deſſus de la table, deux pieds trois pouces. Au ſurplus, j'ai remarqué que pour deſſiner à ſon aiſe étant aſſis, & même pour écrire, il falloit que le ſiége fût de deux pouces plus haut que les genoux de la perſonne, afin qu'on n'y ſentît point de laſſitude en travail-lant long-tems, & que la table fût une fois & demi plus haute que le ſiége; c'eſt-à-dire, que ſi le ſiége a 18 pouces de hauteur, il faut que la table en ait 27.

Mais lorſqu'on voudra deſſiner debout, il faudra que la table ſoit à la hauteur du nombril de la perſonne.

On pourra encore avoir un chaſſis à verre, qui s'inclinera à tel degré qu'on voudra, pour copier des deſſeins, ce qu'on appelle *tirer à la vitre*. La *Fig. 5. Planche 1.* en re-préſente la machine entiere, développée & vue par derriere; & la *Figure 6.* en fait voir le chaſſis à verre vû ſeulement par devant, c'eſt-à-dire du côté que l'on poſe le deſſein & le papier ſur lequel on veut tirer une co-pie. Voici le détail de cette machine, avec ſes dimenſions.

Le chaſſis à verre *a b c d*, marqué *x* dans le profil (*Fig. 7.*) aura 24 pouces de hauteur & 18 de largeur, ſur un pouce d'épaiſſeur, & ſera de ſapin, pour être plus leger; & les quatre bouts de planche dont il ſera compoſé, ſeront joints avec des goujons, & collés à la colle forte.

Le chaſſis *c d e f*, ſera d'un bois doux & ſolide, autant qu'on le pourra, comme de pommier, de poirier, de noyer, ou de ceriſier; ſes membres auront chacun un pouce & demi de largeur ſur un d'épaiſſeur, & ce chaſſis ſera aſſemblé à tenons & mortaiſes, & ſera de la même grandeur que le précédent *a b c d*, auquel il eſt attaché par deux couplets à charniere *m n*. Les deux membres *r* ſeront chacun enfoncés à moitié bois, ſur leur largeur & ſur leur épaiſſeur, pour y loger le petit chaſſis *g h i k*, de toute ſon épaiſſeur, marquée *y* dans le profil, (*Fig. 7.*) dont les membres auront neuf lignes de largeur ſur ſix lignes d'épaiſſeur, & ſeront aſſemblés par entaille, à moitié bois, collés & rivés avec des pointes de clou, & ce chaſſis ſera attaché au chaſſis à verre par deux petites piéces de ſerrurerie marquées *p* & *q*, dont celle marquée *q* eſt hors de ſa place, pour en faire voir le profil, c'eſt-à-dire ſon contour, & pour laiſſer voir à la traverſe, le collet marqué *o*; obſervant de faire des crans dans le fond des deux piéces marquées *r*, ainsi qu'on le voit dans le profil (*Fig. 7.*) pour arrêter le pied du chassis *ghik*, à tel degré que l'on voudra.

Enfin le verre, qui doit être bien blanc, & du plus beau, aura huit pouces de largeur sur dix de hauteur.

A l'égard de la *Figure 7.* elle représente toute la machine vue de profil.

REMARQUE.

Comme la table pour dessiner, dont nous venons de donner la construction, n'est commode que pour les grands desseins qui concernent la fortification, comme les plans en entier d'une place & leur carte particuliere; lorsqu'il s'agira de dessiner les plans particuliers des ouvrages & des bâtimens civils, ainsi que leurs coupes, profils, élévations & façades, & toutes sortes de morceaux d'architecture civile, on pourra se servir de la planchette, avec l'équerre, construite de la maniere que nous allons l'expliquer, préférablement à la double équerre, faite en forme de T, dont plusieurs Architectes & Dessinateurs se sont servis jusqu'à présent, parce qu'elle doit être plus juste que cette derniere, qui est assez facile à devenir fausse dans la suite, & très-difficile à construire juste; au lieu que celle que nous proposons est solide dans sa justesse & facile à faire juste, comme on le

connoîtra en la construisant. Voici les dimensions de cette équerre, & celles de la
planchette, avec leur construction.

La planchette *ABCD*, (*Planch. 23. Fig.
1.*) qui doit être d'un bois doux, comme de
pommier, poirier, noyer, & autre sembla-
ble, aura environ 20 pouces dans un sens,
& 1 5 pouces de l'autre, sur 4 lignes d'épaisseur ; & comme ces sortes de bois sont fort
sujets à se tourmenter, on doublera cette planchette dessous, avec du sapin de même épaisseur, que l'on appliquera avec la colle forte, observant de mettre le fil du bois de la
planchette dans un sens contraire de celui
de son redoublement, pour empêcher que le
bois ne se tourmente & ne fasse la douelle,
comme il arrive ordinairement ; & comme
il n'est pas toujours facile de trouver des planches de 1 5 pouces de largeur, on pourra faire
cette planchette ainsi que son redoublement
de deux piéces chacun, elle n'en sera pas
moins solide, puisqu'on est obligé de mettre
le fil du bois de l'un dans un sens contraire
de celui de l'autre.

On observera de faire déborder la planchette d'un demi-pouce de chaque côté de
son redoublement, afin que rien n'empêche
de mettre parfaitement d'équerre les quatre
angles de cette planchette.

A l'égard de l'équerre, qui doit être aussi
d'un bois doux, la partie *E*, (*Figure 1. & 3.*

même Plan) aura quatre pouces par un bout & un pouce par l'autre, fur quatre lignes d'épaiffeur, & la partie *F*, (*même Figure*) aura un pouce & demi de largeur fur huit pouces de longueur, & un demi-pouce d'épaiffeur. Cette partie *F* fera collée parfaitement d'équerre de toute fa largeur fur le bout le plus large de la partie *E* ; & lorfque la colle fera féche, on percera deux trous à travers les deux parties collées pour y mettre deux chevilles à la colle, comme il eft aifé de voir par la *Fig. 1. & 3. même Planche.*

Nota. Qu'on pourra ne donner, fi l'on veut, que trois pouces au bout le plus large de la partie *E*, & par conféquent fix pouces de longueur à la partie *F*, fur toujours la même largeur & épaiffeur.

La *Figure 3.* repréfente le deffous de l'équerre, & la *Figure 2.* en fait voir l'épaiffeur.

Enfin la *Figure 4.* fait voir le profil de la rainure qu'il eft bon de faire fous la régle *E*, afin que l'encre qui s'attache fur fon bord ne tombe pas fur le papier, en faifant ce bord moins épais d'une demi-ligne, comme l'on peut voir par les cottes de la *même Fig. 4.*

****

SECONDE PARTIE.

SECTION I.

De quelques définitions.

1. ON dit, *faire de l'encre de la Chine*, c'est-à-dire frotter le pain ou bâton d'encre de la Chine avec de l'eau claire dans quelque coquille ou vase de fayence ; l'eau & le vase doivent être bien propres, sans aucune graisse ni saleté.

2. On dit qu'une ligne est bien *nourrie*, ou bien *quarrée*, lorsqu'elle est bien égale dans toute sa longueur, & qu'elle est assez *rouge*, ou assez *noire*, soit qu'elle soit grosse ou déliée.

3. On appelle *Teinte*, une couleur aussi liquide que l'eau, & dont le corps est transparent & non opaque, de manière qu'étant étendue sur quelques traits elle n'empêche pas de les voir.

4. La teinte en noir pour laver les parapets de terre dans les plans qui sont pris au cordon , comme sont les plans en entier sur un pouce pour cent toises , & sur une ligne pour trois toises, ne doit pas être plus

C

foncée en couleur que celle de la pierre de mine, ou crayon noir ; celle en rouge, pour laver la maçonnerie coupée, rompue, ou écorchée, doit imiter la couleur de rose, ou de cerise, qui ne fait que d'achever de rougir ; en jaune, pour laver les mêmes ouvrages en projets, égalera celle de la fleur de navette ou de chou ; & celle en couleur de bois, pour laver les ouvrages de charpente & de menuiserie, ne sera pas plus foncée que celle de la coupe du bois de chêne, fraîchement abbatu avec la coignée ; & ces sortes de teintes aussi foncées en couleur que nous venons de les indiquer, seront appellées *Teintes entieres*.

5. Et lorsque ces teintes ne feront qu'éteindre la blancheur du papier, ensorte pourtant qu'on en puisse connoître la couleur, on les nommera *Teintes claires* ou *foibles*, lesquelles seront propres pour laver les mêmes natures d'ouvrages, lorsqu'elles ne seront point coupées, rompues ou écorchées, comme tout ce qui fera façade.

6. La teinte qui sera plus haute en couleur que l'entiere, s'appellera *Teinte forte*, & c'est de celle là dont on se servira pour tirer des lignes.

Notez que lorsque cette teinte est trop forte les lignes ne se tirent pas nettement, parce que la couleur étant trop épaisse, elle ne coule pas facilement sur le papier, ce qui fait que la ligne est baveuse, c'est-à-dire n'est pas nette.

7. Enfin nous appellerons *demi-teinte*, celle qui sera entre l'entiere & la foible.

8. On dit *donner une teinte*, & non pas *coucher une teinte*. On dit aussi *passer une teinte*.

9. On dit *laver un plan* ou *un profil*, & non *peindre*, ni encore moins *enluminer*, parce que les couleurs étant aussi liquides que de l'eau, lorsqu'on les employe, il semble effectivement qu'on lave le papier, & de là vient le mot de *Lavis*, pour signifier l'emploi des couleurs dans l'Architecture militaire & civile.

10. On dit qu'un dessein ou un lavis est *dur*, lorsque les couleurs ou les teintes sont trop fortes ou trop foncées en couleur; & réciproquement on dit qu'il est *tendre*, quand il arrive le contraire.

11. *Adoucir une teinte*, c'est en affoiblir ou diminuer la couleur insensiblement à rien d'un côté, conservant la force entiere de l'autre côté, comme aux ombres échapées sur les superficies planes; ou des deux côtés, en conservant la fonte de la teinte dans le milieu, ainsi que sur les superficies convexes, dont l'ombre est produite par le corps convexe même, comme nous l'expliquerons plus au long dans la Section XII.

C ij

12. On appelle *Ombre coupée*, celle qui eſt égale dans toute ſon étendue ; & on la nomme *Ombre adoucie*, ou *fuyante*, lorſqu'elle diminue inſenſiblement à rien d'un côté, comme ſur les talus ou glacis ; ou même des deux côtés, comme celle qui ſe fait ſur une colonne, & qui eſt produite par la colonne même ; car ſi elle étoit produite par un autre corps ſur la colonne, elle ne ſeroit pas adoucie, mais coupée, comme nous le verrons dans la ſection XII.

13. On dit que certaines choſes ſont *comptées* dans l'accompagnement d'un plan en entier, lorſqu'elles ſont trop bien arrangées, & plus qu'elles ne le ſont ordinairement ſur le lieu, comme les terres labourées ; les uns les arrangeant d'une maniere trop réguliere, qui n'eſt pas par conſéquent naturelle, & les autres, pour éviter cette régularité, embarraſſent les piéces de terre les unes dans les autres, d'une maniere qui n'eſt point non plus naturelle, & qui fait un mauvais effet, comme nous l'expliquerons plus au long dans l'article des terres labourées. *Section I. troiſiéme Partie.*

14. Dans le plan d'une ville, on appelle *Canton*, ou plutôt *Iſle des maiſons*, un eſpace iſolé des rues, lequel eſt occupé de bâtimens ; & dans les grandes villes, pluſieurs iſles enſemble & contiguës compoſent ce qu'on nomme *Quartier*, lequel porte ordi-

nairement le nom de la plus grande rue, ou celui de la Paroisse ou de l'Eglise la plus connue dans le quartier.

25. On appelle aussi *Quartier* dans un corps de casernes, toutes les chambres qui sont à droite & à gauche de l'escalier qui communique à ces chambres.

16. On entend par l'*Emplacement d'un bâtiment*, tout le terrein que l'édifice doit occuper.

17. On appelle *Plan* en Géométrie, toute superficie à laquelle on peut appliquer la régle sur tous sens ; mais en fait de bâtiment & de tous autres ouvrages, *Plan* est la trace de l'emplacement d'un édifice, qui en fait voir la distribution dans toute son étendue ; on y connoît aussi l'épaisseur des murs : ou bien *Plan* est la section horizontale d'un édifice.

18. On dit *Fragment de Plan*, pour signifier une partie d'un plan.

19. Les murs qui terminent un bâtiment se nomment la *Cage* du bâtiment. On dit aussi la *cage* d'un escalier, pour signifier les murs qui le renferment.

20. On appelle *Façades*, les superficies extérieures qui terminent un édifice élevé sur son plan. Ces façades peuvent être inclinés à l'horizon, comme au revêtement des terrasses ; & cette inclinaison est ce qu'on appelle *Talut* ; ou bien elles sont perpendi-

culaires, comme dans les bâtimens civils *(a)*, où elles servent à faire voir leur hauteur & celles de leurs parties, comme les portes & les fenêtres. Ces façades servent aussi à faire voir les Ordres d'Architecture & leurs ornemens lorsqu'il y en a.

21. On appelle *Coupe*, les Desseins qui font voir les parties du dedans d'un édifice ou de tout autre ouvrage; ou bien c'est la *section d'un édifice par un plan vertical:* cette coupe sert aussi à faire voir la hauteur de chaque étage dans les bâtimens; & les lignes de contour de ces Desseins, tant celles qui marquent les épaisseurs des murs que celles qui terminent les saillies des corniches de l'édifice, forment ce qu'on nomme *Profil.* On appelle encore *Profil*, tout ce qui est vû de côté.

22. Les desseins qui représentent un édifice élevé sur son plan, ensorte qu'on en voit toujours deux faces, s'appellent *Elévations*, & la perspective dont on se sert pour ces sortes de desseins, est nommée *Perspective cavaliere.*

23. On dit que les parties d'un dessein *se détachent* les unes des autres, lorsqu'il paroît qu'elles s'éloignent chacune suivant leur degré, ce qui est l'effet des ombres & des

____

(*a*) Car on compte pour rien le très-peu de talut qu'on leur donne, qu'on appelle *fruit*, qui est environ d'un pouce par étage.

diminutions de teintes données à propos.

24. Dans l'Architecture militaire, on entend par le mot de *Place* une ville fortifiée, & les parties de la fortification, comme les baftions, les demi-lunes, les chemins couverts, & autres femblables, font appellés *Ouvrages.*

25. On nomme *Ligne de talut*, celle qui marque la diftance qu'il y a de l'aplomb du fommet d'un revêtement au pied dudit revêtement. Cette ligne doit être toujours très-déliée.

26. Les plans, les profils, les élévations & les façades, font nommées en général, *Deſſeins.*

27. Quoique le pente du deſſus d'un parapet & d'un glacis de chemin couvert foit à peu près la même, on dit cependant, *la Plongée* d'un parapet, & le *Glacis* d'un chemin couvert.

28. *Décraſſer un Deſſein*, c'eft après en avoir mis les lignes au crayon & à l'encre de la Chine ou au carmin, paſſer une mie de pain raſſis, pour en ôter les traits du crayon.

SECTION II.

Des observations en général sur le Des-
sein & Lavis du plan en entier d'u-
ne place ; & des plans particuliers
des ouvrages , avec leurs coupes, pro-
fils , élévations & façades , concernant
la fortification.

1. TOUT ouvrage lavé en rouge est de maçonnerie , & subsiste.

2. Etant lavé en noir , il est de terre , & subsiste.

3. Etant lavé en jaune , il est un projet non exécuté.

4. Si le trait est ponctué en noir & l'ouvrage lavé en jaune, le projet est irrésolu.

5. Les lignes ponctuées en rouge marquent des ouvrages de maçonnerie qui ont été détruits.

6. Les lignes ponctuées en noir marquent des ouvrages de terre qui ont été détruits.

7. Les lignes ponctuées en rouge marquent aussi des ouvrages souterreins qui sont de maçonnerie ; & celles qui sont ponctuées en noir marquent les mêmes souterreins qui sont au-dessus du rez-de-chaussée, com-

me auffi les arrêtes des voûtes qui font éle-
vées au-deffus ; l'état du refte de l'ouvrage
fait que ces lignes ponctuées ne font pas
équivoques à ceux qui font dans le Génie.

8. Un ouvrage, de quelque nature qu'il
foit, dans un plan, eft lavé d'une couleur
ou teinte plus forte, fuivant qu'il doit être
élevé ; auffi les taluts & glacis font lavés
plus fortement à leur fommet qu'à leur
pied ; mais cette teinte doit diminuer infenfiblement à rien en defcendant vers leur
pied.

9. Quelques Deffinateurs lavent en verd-
brun les ouvrages gazonnés ; il eft toujours
mieux de les laver comme les autres terraffes, excepté, fi l'on veut, les glacis.

10. D'autres lavent tout ce qui doit être
d'eau, avec l'outremer ou l'indigo, parce
qu'il ne change pas comme la couleur d'eau ;
& cette maniere n'eft pas fuivie, ces deux
couleurs étant très-difficiles à employer uniment, & ne convenant pas à toutes fortes
d'eaux.

11. Les foffés fecs fe lavent d'une couleur
de terre rougeâtre.

12. Enfin les différentes qualités d'un terrein dans l'accompagnement d'un plan, doivent être traitées le plus naturellement qu'il
eft poffible, fans pourtant fortir du goût du
lavis pour entrer dans celui de la miniature.

SECTION III.

De quelques observations plus particulieres que celles de la Section précédente, sur le Deffein & le Lavis des plans particuliers des ouvrages & des bâtimens, ainsi que sur celui de leurs coupes, profils, &c. tant de l'Architecture militaire que civile.

1. LES lignes des plans particuliers des ouvrages & des bâtimens, tant de ceux qui subsistent, que de ceux qui sont en projets, ainsi que celles de leurs coupes, profils, &c. soit que ces ouvrages soient de maçonnerie, de terre ou de gazon, dans l'Architecture civile & militaire, doivent être toujours noires, aussi-bien que celles de leurs taluts, & non rouges, comme j'en ai vû dans quelques desseins. Il est vrai que ces desseins étoient faits par des personnes qui ne sçavoient pas bien les régles établies pour ces sortes de desseins depuis plusieurs années, & qui depuis ce tems-là ont toujours été suivies par les habiles Dessinateurs.

2. Il n'en est pas de même pour ce qui regarde le *Lavis* ; chaque nature d'ouvrage

doit être lavée de la couleur qui lui convient, suivant les régles qui ont aussi été
établies, dont les unes sont naturelles & les
autres de convenance ; ainsi l'on est conve-
nu que dans l'Architecture militaire la
maçonnerie des ouvrages qui subsistent, tant
dans les plans que dans les profils, seroit lavée en rouge, & les terres en noir ; & lorsque c'est un projet, ces deux natures d'ouvrages seront lavées en jaune. Voilà pour l'Architecture militaire.

Et dans l'Architecture civile la maçonnerie des bâtimens qui subsistent se lave en
noir dans les plans ; mais dans les profils on
n'y lave point l'épaisseur des murs ; on pointille, si l'on veut, d'une demi-teinte d'encre
de la Chine les endroits seulement qui sont
censés coupés ou rompus, & cela ne se fait
ordinairement qu'aux morceaux qui sont sur
des échelles plus grandes qu'une ligne pour
pied. *Voyez d'Aviler, Planches* 50, 68, 70,
83 & 85.

La raison pour laquelle les Architectes ne
lavent pas en noir les endroits coupés, rompus ou écorchés dans les coupes & profils,
comme font les Ingenieurs en rouge dans
ceux des ouvrages de fortification, c'est
qu'ils suivent le goût de la gravure en tail-
le-douce, où il n'est employé que le blanc
& le noir pour exprimer toutes choses : car
si les Architectes lavoient en noir les en-

droits coupés, rompus ou écorchés dans un profil comme dans le plan, ces endroits se trouveroient confondus avec le fond des coupes, qui est toujours en noir, parce que cet endroit n'est pas censé éclairé, puisqu'il est ordinairement privé de lumiere : de plus, la plûpart de ces endroits coupés dans les profils se trouveroient encore quelquefois confondus avec les ombres du dessein, qui sont naturellement noires. De là je conclus que la maniere de laver la maçonnerie en rouge lorsque l'ouvrage subsiste, & en jaune quand c'est un projet, comme font les Ingénieurs dans l'Architecture militaire, est plus commode & plus favorable que celle dont on se sert dans l'Architecture civile.

A l'égard des endroits qui ne sont ni coupés ni rompus, comme les portes & les fenêtres, on les laisse blancs ainsi que dans leur plan ; & en projets, la maçonnerie doit être lavée en rouge dans le plan, & par conséquent les endroits coupés ou rompus dans les profils seront pointillés d'une demi-teinte de rouge, & ceux qui ne sont ni coupés ni rompus, comme les portes & les fenêtres, on n'y lave rien, non plus que dans le plan.

A l'égard des autres natures d'ouvrages, on imitera leur couleur naturelle autant qu'il sera possible, tant dans l'Architecture

militaire que civile : ſçavoir, le gazonage,
en verd-brun ; les eaux, d'un bleu céleſte ;
les ſables, d'un jaune roux ; la charpente,
d'une couleur de bois ; la couverture de
tuiles, d'un rouge un peu jaunâtre ; celle
d'ardoiſe, d'un gris tirant ſur le bleu foncé ;
le fer, du même gris, mais un peu plus foncé en noir ; le plomb, d'un gris moins bleu,
& un peu plus clair ; le verre, d'un bleu un
peu verdâtre & aſſez clair ; le cuivre, la
fonte & le bronze, d'un verd-de-gris rembruni, parce que ne pouvant pas trouver de couleur qui imite bien celle de ces trois matieres, le verd-de-gris rembruni eſt encore
celle qui leur convient le mieux, d'autant
plus que la ſuperficie des ouvrages qui ſont
faits de ces trois métaux, prend à peu près
& en très-peu de tems la couleur de verd-de-
gris, & que cette couleur reſte en cet état
tant que l'ouvrage ſubſiſte.

Notez que pour rembrunir le verd-de-
gris, il ne faut que laver le deſſein avec de
l'encre de la Chine, pour le rendre de relief,
enſuite paſſer une teinte de verd-de-gris liquide ſur l'ouvrage.

3. Dans toutes ſortes de natures d'ouvrages, tout ce qui eſt coupé, rompu ou écorché, ſera toujours lavé d'une teinte entiere
& égale dans toute ſon étendue, de la couleur qui conviendra à la nature de l'ouvrage,

ainsi que nous venons de le dire dans l'*article* 2.

4. Tout ce qui n'est point coupé, rompu ni écorché, comme les façades, se lave d'une teinte claire, de la couleur qui convient à la nature de l'ouvrage, *art.* 2.

5. Dans la charpente, outre qu'on doit laver la coupe des piéces de bois d'une teinte un peu plus forte que ce qui n'est pas coupé, selon les régles ci-dessus, on hache encore à la plume cette coupe avec l'encre de la Chine, ce qui ne se doit faire qu'après que l'ouvrage est lavé, pour les raisons que nous dirons dans le premier article du *Nota* de la Section 13.

6. Mais les bouts des piéces de charpente qui sont entieres, seront marquées par deux diagonales, je veux dire deux lignes déliées tirées des angles de l'équarissage du bout de la piéce ; on doit observer cette différence, parce qu'il peut se trouver dans la coupe d'un ouvrage de charpente le bout de quelque piéce entiere qu'il faut distinguer du bout d'une piéce coupée. Il en doit être de même pour les grosses ferrures, lorsque les desseins sont détaillés, & sur une échelle à pouvoir le faire.

7. Tout vuide, dans un plan, ne se lave point en aucune maniere, comme les caves, les chambres, les cours & autres semblables.

8. Mais dans les coupes & profils , ces vuides , excepté les cours , se lavent d'une teinte d'encre de la Chine , qui est plus ou moins forte , selon que ces vuides sont plus ou moins enfoncés.

9. A l'égard des épaisseurs des murs des voûtes & des planchers , on les lave de la couleur qui convient. *Art. 2. même section.*

Nota. Il paroît que la maniere de laver les ouvrages dans l'Architecture militaire est plus avantageuse que celle dont on se sert dans l'Architecture civile , parce que dans celle-ci on ne distingue pas dans les profils par des couleurs , ce qui est coupé ou rompu d'avec ce qui ne l'est pas , si ce n'est en pointillant ces endroits , comme nous l'avons dit *art.* 2. lorsque l'échelle le permet , ce qui n'est pas expéditif ni guères propre ; d'où il suit que lorsqu'on ne peut pas pointiller les endroits qui sont coupés ou rompus par la petitesse de l'échelle , il n'y a point de différence entre ces endroits coupés ou rompus & les tableaux des portes & des fenêtres.

SECTION IV.

Des échelles qui conviennemt aux plans, coupes, profils, façades, élévations & niveaux, qui font les mêmes que celles que M. le Maréchal de Vauban a réglées pour les Deffeins que l'on envoye à la Cour, aufquelles on a ajouté celles qui font propres pour le détail de quelques parties d'ouvrages de maçonnerie, de charpenterie, de ferrurerie, qu'on a marquées d'une étoile. Pl. 4.

COmme nous allons rapporter toutes les échelles au pied de Roi , il ne fera pas hors de propos d'en expliquer les parties , quoiqu'elles foient affez connues en France.

Nous dirons donc que le pied de Roi contient 12 pouces, & le pouce 12 lignes. Il faut fix pieds de Roi pour la toife de Paris.

Préfentement pour le plan en entier d'une place, l'échelle fera d'un pouce pour cent toifes. Cette échelle eft fuffifamment grande lorfque les baftions font royaux, c'eft-à-dire que leurs faces ont au moins

quarante

quarante ou cinquante toifes. Mais lorfque la fortification eft fur les anciens fyftêmes, comme Montmedy, Ardres, & autres, ou que la place eft compofée de redans & de tours, qui forment prefque toujours de petites parties, ce qui arrive ordinairement aux places qui font fur des hauteurs efcarpées, comme le château de Bouillon, celui de Traerbak, la citadelle de Befançon & autres, il faut au moins un pouce & demi pour cent toifes.

Notez qu'il n'eft pas néceffaire de marquer les taluts des revêtemens de maçonnerie, lorfque l'échelle n'eft que d'un pouce ou d'un pouce & demi pour cent toifes, parce qu'ils ne font pas fenfibles; mais lorfque ces revêtemens ne font que de gazon, on peut en marquer les taluts, parce qu'ils font affez fenfibles.

Pour la carte particuliere d'une place, un pouce pour 400 toifes, ainfi que pour celles des camps, retranchemens, lignes de circonvallation, de contrevallation, & des batailles.

Pour le plan en grand d'une place, où les taluts & rampes foient diftinctement marqués, une ligne pour une toife ou pour trois toifes au plus, c'eft-à-dire un pouce pour douze ou trente-fix toifes.

Notez que les plans qui font fur l'échelle d'une ligne pour toife, font appellés *plans*

D

directeurs, parce que c'eſt ſur cette échelle que l'on travaille le mieux aux projets.

Pour les plans d'ouvrages entiers, comme d'une demi-lune, d'un baſtion, & même d'un front de fortification où les fondations ſoient marquées, deux lignes pour une toiſe. Cette échelle convient encore pour les plans en relief. Feu M. de la Deveſe, Ingénieur ordinaire du Roi, qui étoit un de ceux qui excelloient dans les plans en relief, ne leur donnoit qu'un pied pour cent toiſes.

Pour les plans particuliers des ouvrages & des bâtimens, comme ponts, écluſes, caſernes, corps-de-garde & autres ſemblables, & pour leurs coupes, profils, façades, &c. une ligne au moins pour un pied, c'eſt-à-dire ſix lignes pour toiſe.

Et pour quelques-unes de leurs parties détaillées, comme d'une travée de pont, de jettée, de comble de bâtiment, d'une baſcule de pont-levis, d'une barriere, des portes d'écluſes, & autres parties d'ouvrages entiers, trois lignes pour un pied.

* Pour les petits ouvrages de menuiſerie, comme tables, bancs, rateliers pour les armes, guérites, portes, croiſées & autres, ſix lignes ou un pouce au plus pour un pied. Cette échelle eſt encore propre pour détailler les minuties de la charpente, dans leurs proportions, comme tenons, mortaiſes, renforts, embrevemens, &c. Elle convient

encore pour faire les machines en petit.

* Pour le détail des grosses ferrures dans leurs proportions, comme pentures de portes, de barrieres, tourillons de ponts-levis, & autres, & pour les ouvrages de cuivre & de fonte, comme crapaudines de portes d'écluse, & autres, deux lignes pour un pouce.

* Et pour celui de la serrurerie, comme serrures, targettes, &c. quatre lignes pour un pouce.

* Pour la carte particuliere d'une Election, un pouce pour une lieue commune de France.

* Pour la carte d'une province, un pouce pour trois lieues.

Et pour celle des Royaumes, un pouce pour quinze lieues.

On n'a point mis dans la planche les trois dernieres échelles marquées à une étoile, attendu qu'il n'y avoit point de place, & qu'on s'en sert rarement.

Notez 1°. Qu'on ne devroit jamais faire aucun dessein sur des échelles faites au hazard, comme plusieurs font ; mais que ces échelles devroient toujours avoir rapport au pied de Roi, pour plusieurs raisons que la pratique fera assez connoître ; ainsi l'on pourra suivre exactement celles que nous venons de prescrire, parce qu'elles font proportionnées au détail de chaque ouvrage.

D ij

2°. On doit toujours obferver dans la conftruction des échelles de mettre les parties de l'entier, lorfqu'elles font fenfibles, au commencement de l'échelle, fans les y comprendre, c'eft-à-dire de ne commencer à compter les entiers fur l'échelle qu'à la fin defdites parties, & de faire les échelles dans un goût fimple, telles qu'on les voit dans la *Planche 4*, fans y faire de petits ornemens aux deux bouts, comme je l'ai vû faire au Deffinateur d'un Directeur des fortifications, parce que cela eft de mauvais goût.

Il ne fera pas encore hors de propos d'expliquer les trois fortes de lieues connues en France par les Géographes, dont la premiere & la plus grande contient 3423 pas géométriques & trois pieds, ou 2853 toifes de Paris.

La moyenne, 2739 pas géométriques, ou 2282 toifes trois pieds.

Et la petite, 2400 pas géométriques, ou 2000 toifes de Paris.

A l'égard du pas géométrique, il contient deux pas communs, ou cinq pieds de Roi.

On entend par *pas commun*, le pas ordinaire d'un homme, ou deux pieds & demi.

Pour ne point faire dans les plans en entier, non plus que dans leurs cartes particulieres, les chemins d'une largeur extraordinaire, comme je l'ai vû faire dans quelques plans, par rapport à celle qu'on leur doit donner suivant les Ordonnances ; voici leur vraie largeur & celle des sentiers, pour les proportionner à peu près autant qu'il sera possible.

La vraie largeur des chemins dans les forêts, doit être de 12 toises de Paris.

Celle des chemins royaux en pleine campagne, de 45 pieds ou 7 toises & demie, afin de pouvoir établir dans le milieu un pavé de 15 pieds de Roi.

Les chemins de traverse, de 24 pieds.

Les rues ou voies, de 16 pieds.

Le sentier commun, de 4 pieds.

Et le petit, de 2 pieds.

Il est bon d'avertir ici, avant que de quitter cette section, qu'il seroit très-utile d'avoir toutes les échelles de la planche 4 gravées sur une lame de cuivre ou de corne, l'une & l'autre très-minces & de la grandeur de la même planche 4, & que leurs divisions fussent percées à jour d'un fort petit trou, à ne passer que la pointe d'une aiguille fine, afin de pouvoir faire tout d'un coup l'échelle d'un dessein, en piquant par les trous de celle dont on auroit besoin, pour n'être pas obligé de les construire avec le compas, lesquelles souvent sont mal divisées. Outre que cette maniere seroit expéditive, elle seroit encore très-juste, & l'on seroit sûr qu'il n'y auroit point de différence entre les mêmes échelles qui seroient sur différens desseins. J'ai fait exécuter cette idée sur une lame de cuivre assez mince, dont je me sers très-utilement. Ceux qui voudront s'en servir, doivent s'adresser aux Fabricateurs d'instrumens de mathématiques, pour faire graver ces échelles sur une lame de cuivre ou de corne, parce qu'ils sont plus habiles pour tous les instrumens où il s'agit d'avoir des divisions qui soient très-justes, que tout autre ouvrier. J'ai encore exécuté l'idée en question sur du velin, & elle m'a également réussi.

SECTION V.

De quelques méthodes pour tirer des copies de toutes sortes de Desseins. Planche 5.

QUoiqu'il y ait plusieurs méthodes pour copier toutes sortes de desseins, nous n'en rapporterons cependant que trois, dont on se sert ordinairement, parce qu'elles sont les meilleures.

La premiere, est d'appliquer à la vitre le dessein que l'on veut copier, sur lequel on attache pour cet effet le papier blanc avec des épingles fines, ou des pinces à coulans;

alors le jour paſſant à travers la vître, fait voir tous les traits de l'original que l'on trace ſur le papier blanc avec le crayon noir, en appuyant légerement, afin que la copie étant faite, l'on puiſſe effacer les traits du crayon.

Pour tracer commodément à la vître, il faut avoir un chaſſis tel qu'il eſt repréſenté *par la Pl. 1. Fig. 5, 6 & 7.*

Cette méthode eſt meilleure pour les cartes, pour l'accompagnement d'un plan, pour le payſage, pour l'ornement de l'Architecture civile, pour les parterres & autres, comme la figure, que pour les plans & profils des ouvrages.

Notez que pour tirer à la vître il ne faut pas que le papier ſur lequel on veut copier un deſſein, ou celui du deſſein même, ſoient extrêmement forts, comme ſont le grand aigle, le grand colombier & le nom de Jeſus, parce qu'ils ne laiſſent pas voir aiſément les traits du deſſein à travers la vître.

Il eſt bon d'avertir que lorſqu'on voudra mettre un plan dans un cadre, il faudra en laver les eaux avec l'indigo ou l'outremer, parce que l'air change la couleur d'eau faite avec le verd-de-gris en une eſpece de couleur d'un gris ſale, ce qui eſt fort laid.

La *ſeconde* méthode eſt de piquer l'original avec une aiguille fine, après l'avoir attaché ſur le papier blanc avec des épingles

D iiij

affez fines, ou avec des pinces à coulans. Quand je dis piquer, j'entends feulement les extrémités des lignes du plan ; enfuite l'on met la copie au crayon noir, toujours légerement, pour la raifon que nous avons dite ci-devant ; enfin on tire ces lignes au carmin ou à l'encre de la Chine, felon qu'il convient ; mais pour faciliter à voir les points, il faut noircir un des côtés du carton fur lequel on deffine avec de bonne encre bien noire.

Cette feconde méthode eft très-jufte pour les plans, profils, coupes, &c. mais elle n'eft pas propre pour les cartes ni pour le payfage, non plus que pour l'ornement de l'Architecture civile & autres, comme la figure ; au refte elle eft affez pénible, tant pour ne point oublier de point à piquer, que pour reconnoître ou mettre le plan ou profil au crayon : cependant ceux qui ont la pratique de piquer, s'épargnent quelquefois la peine de mettre le deffein au crayon, en tirant tout d'un coup les lignes au carmin ou à l'encre de la Chine, felon qu'il convient, fans prendre un point pour un autre que très-rarement ; mais le plus sûr eft de mettre au crayon.

Et *la troifiéme*, eft de prendre toutes les lignes du deffein au compas, en la maniere qui fuit.

On fuppofe donc qu'il faille copier le

plan *ABCD*, &c. (*Pl. 5. Fig. 1.*) on di-
visera ce plan en autant de quarrés qu'il sera
néceffaire, comme d'abord en quatre ou en
davantage, que l'on réduira enfuite en trian-
gles par des diagonales, pour avoir avec plus
de facilité de plus petites divifions : on divi-
sera de même en autant de parties égales &
femblables le papier fur lequel on veut faire
la copie du plan *ABCD*, &c. Préfentement
pour avoir ce plan on prendra avec le compas la diftance *A* 9, (*Fig. 1.*) que l'on portera de 9 en *a*, (*Fig. 2.*) en faifant une petite portion de cercle en *a* : on prendra de
même la diftance *A* 13, que l'on portera
de 13 en *a*, (*même Fig. 2.*) en faifant une autre portion de cercle qui coupant la premiere déterminera le point *a*. On opérera de
même pour avoir les autres points *b*, *c*, *d*, *e*,
&c. (*Fig. 2.*) defquels points on tirera les
lignes *a b*, *b c*, *c d*, &c. pour avoir la Figure *a b c d e*, &c.

Cette troifiéme maniere de copier un
plan eft très-jufte, mais elle eft fort longue.

Il y en a qui calquent les deffeins avec
une pointe douce de quelque métal, en mettant entre le deffein & le papier blanc un
autre papier frotté de pierre de mine tendre ou commune ; mais outre que cette maniere n'eft pas des plus juftes ni des meilleures, elle gâte l'original ; & comme la
feconde maniere eft fort ufitée parmi les

Ingénieurs & leurs Deſſinateurs, & qu'elle
eſt fort juſte, nous allons donner dans la Section qui ſuit, la maniere d'y bien réuſſir.

SECTION VI.

*De quelle maniere il faut piquer un plan
de fortification en entier pour éviter la
confuſion des points, & pour n'en point
oublier à piquer de ceux qui ſont néceſſaires.*

APrès que l'on aura attaché le plan que
l'on veut piquer ſur le papier blanc
avec quatre pinces à coulans ou quatre épingles fines, pour éviter la confuſion des points,
on ne piquera point les banquettes des ouvrages ni les traverſes des chemins couverts,
à moins que le plan ne fût au moins ſur une
ligne pour toiſe, auquel cas on pourroit les
piquer pour les avoir plus juſtes.

Il ne faudra point non plus piquer les embraſures des batteries de canon ſi elles y
étoient marquées, ni les ſouterreins lorſqu'ils
feront en partie ſous le parapet, parce que
toutes ces choſes ſont aiſées à rapporter au
compas ; mais pour les ſouterreins qui ne
feront que ſous le rempart ou ſous le terre-
plein des ouvrages, ils feront piqués, parce

que leurs points ne feront pas grande confufion.

Il ne faudra pas encore piquer les ponts
& autres minuties femblables , autant qu'on
le pourra , pour éviter toujours la grande
confufion des points.

A l'égard du dedans d'une place , il faut
tout piquer.

Pour ce qui eft des environs de la place ,
l'on ne doit piquer que tout ce qui fe doit
faire à la régle , comme les maifons, s'il y
en a, les chauffées , fi elles font droites, dans
toute leur longueur , ou par parties, & autres femblables.

Pour le refte du payfage il fera pris à la
vître , comme nous l'avons dit ci-devant
art 1. fect. 5.

Pour donc tâcher de n'oublier aucun point
à piquer de ceux qui font néceffaires , il
faut garder un ordre, comme de piquer tout
de fuite la ligne magiftrale de tous les ouvrages de la fortification ; enfuite celle des
parapets , puis celle des remparts & leur
talut; après quoi on viendra aux foffés , aux
contrefcarpes, de là aux chemins couverts ,
& enfin au pied de leur glacis , s'ils font ter-
minés.

A l'égard du dedans de la place il faudra
le divifer par quartiers, c'eft-à-dire par parties , que l'on marquera , fi l'on veut , par
un trait de crayon très-léger , afin de pou-

voir l'effacer aiſément avec la mie de pain raſſis, ſans être obligé de frotter trop fort, pour ne point gâter l'original.

Mais comme l'on oublie toujours à piquer quelques points, quelque ſoin que l'on prenne, & que ces points oubliés ſont quelquefois de conſéquence pour reconnoître au crayon, ou mettre tout-d'un-coup à l'encre de la Chine ou au carmin, ſelon qu'il convient ; que de plus l'on pique aſſez ſouvent deux ou trois fois les mêmes points, ce qui endommage toujours un peu l'original & la copie, & qu'enfin l'application & les ſoins que l'on prend pour ne point oublier à piquer des points, fatiguent & ennuient, ſur tout ceux qui ne ſont pas dans une grande habitude de piquer, voici un expédient que j'ai imaginé, dont je me ſuis toujours bien trouvé pour éviter ces ſoins & ces fatigues, & qui eſt immanquable pour ne point oublier des points à piquer.

On prendra du papier huilé, ou plutôt du papier *à la ſerpente*, que l'on pourra rendre encore plus tranſparent par le moyen de l'huile de térébenthine de Veniſe ; on attachera l'original entre ce papier tranſparent & celui ſur lequel on veut faire la copie, puis on piquera, comme nous avons dit, tous les points qui ſeront néceſſaires ; il eſt certain qu'il ſera aiſé de voir ſur le papier tranſparent ceux qui n'auront pas été piqués ; mais ce papier tranſparent ne pourra ſervir qu'une fois, ſi ce n'eſt à tirer quelques deſſeins au crayon.

Notez que lorſqu'on aura mis le deſſein au crayon & à l'encre ou au carmin, ſelon qu'il conviendra, il ne faudra point le laver qu'après qu'on l'aura décraſſé avec la mie de pain raſſis, (ceci eſt dit pour tous les deſſeins que l'on aura mis au crayon) en frottant légerement, pour ne point gâter le papier.

SECTION VII.

De la maniere de deſſiner juſte les parties des ouvrages du Plan en entier d'une Place dont l'échelle eſt d'un pouce pour 24 toiſes au moins.

IL faut 1°. tirer la ligne magiſtrale ou le principal trait de toutes les piéces du plan. Cette ligne magiſtrale eſt appellée *ligne du cordon.*

2°. Enſuite poſer la régle tout contre cette ligne du cordon, & tirer celle qui renferme avec elle l'épaiſſeur du parapet ; cette ligne qui doit être moins groſſe que celle du cordon, eſt appellée *ligne du parapet.*

Notez que le talut intérieur du parapet n'étant pas ſenſible dans ces ſortes de plans, on ne doit pas le marquer.

3°. Poser encore la régle tout contre la ligne du parapet, & tirer une ligne déliée pour marquer la banquette & son talut tout ensemble, parce qu'ils ne sont pas sensibles séparément.

4°. Tirer le plus parallelement qu'il sera possible la ligne qui termine la largeur du rempart.

5°. Poser la régle tout contre la ligne qui termine le rempart, & tirer à une distance d'environ quinze pieds la ligne qui marque le pied du talut intérieur de ce rempart.

Voilà pour le corps de la place.

A l'égard des demi-lunes, des contre-gardes & autres ouvrages détachés, après avoir tiré les lignes du cordon, du parapet & du rempart, en la maniere que nous venons de l'enseigner pour le corps de la place, on tirera la ligne qui marque la largeur du terreplein de ces ouvrages, qui est celle du revêtement de leur gorge, & cette ligne doit être de la grosseur de celle de la contrescarpe.

Pour ce qui est de l'arrondissement des fossés, ou plutôt des contrescarpes aux angles flanqués des ouvrages, il faut les faire avec le compas avant que de tirer les parties droites de cette contrescarpe, parce qu'il est plus aisé d'assujettir les parties droites aux rondes que les rondes aux droites , sans changer le centre des rondes.

Enfin la contrescarpe étant tirée à l'encre de la Chine ou au carmin, selon qu'il conviendra, on tirera la crête du glacis du chemin couvert, ensuite sa banquette, & enfin le pied du glacis, en la maniere que nous l'avons enseigné, observant de faire la ligne de la crête du glacis de la grosseur de celle du parapet des ouvrages, & la ligne du pied du glacis très-déliée, & d'une demi-teinte seulement d'encre de la Chine pour cette derniere.

A l'égard du lavis du plan, il sera mieux de commencer par les isles des maisons bourgeoises, ensuite par les parapets, puis par celui des demi-lunes; ensuite de quoi on lavera les fossés du corps de la place & des ouvrages, & enfin les glacis.

SECTION VIII.

De la réduction des Plans de grand en petit, & de petit en grand. Pl. 6.

LA meilleure & la plus juste méthode de réduire un plan de grand en petit ou de petit en grand, est sans contredit par l'angle de réduction. Voici comme il se fait, en cas que quelqu'un ne soit pas au fait de cet angle.

Si l'on veut réduire un grand plan en petit, portez fur une ligne *AB*, (*Fig. 1.*) tel nombre de toifes qu'il vous plaira de l'échelle *Y* du grand plan, comme 200 toifes; puis du point *B*, comme centre, & de l'intervalle des 200 toifes décrivez l'arc *ADC* indéterminé en *C*, enfuite du point *A* & de l'intervalle de 200 toifes prifes fur l'échelle *Z* fur laquelle doit être le petit plan, faites fur l'arc *ADC* la fection *C*, & tirez la ligne *BC*, vous aurez l'angle *ABC*, avec lequel vous réduirez le grand plan fur la petite échelle que vous aurez déterminée.

Si au contraire vous voulez réduire un petit plan fur une plus grande échelle, portez fur *ab*, (*Fig. 2.*) tel nombre de toifes qu'il vous plaira de l'échelle *Z* du petit plan, comme 200 toifes; puis du point *b*, comme centre, & de l'intervalle des 200 toifes décrivez l'arc *adc*, qui doit être toujours moindre que la demi-circonférence du cercle, pour les raifons que nous dirons dans le fecond article du *Nota* ci après; enfuite du point *a* & de l'intervalle de 200 toifes prifes fur l'échelle *Y*, que vous aurez déterminé pour faire le plan plus grand, faites fur l'arc *adc* la fection *c*, & tirez la ligne *bc*, vous aurez l'angle *abc*, avec lequel vous réduirez le petit plan fur la grande échelle que vous vous ferez propofée.

On fuppofe à préfent qu'il faille réduire le

plan

plan *EFGHI*, &c. (*fig. 3.*) fur la petite échelle *Z*, je marque un point à volonté, à peu près dans le milieu du plan, comme *S*, duquel j'imagine ou je tire des rayons à tous les angles de la figure.

Je marque de même fur le papier où je dois faire le petit plan, (*fig. 4.*) un point *s*, puis je prens avec le compas la diftance *SH*; de cette ouverture de compas & du point *B*, comme centre, (*fig. 1*) je décris fur l'angle de réduction un arc qui coupe les deux jambes *AB*, *BC*, & la corde de cet angle donne la ligne *s h* du petit plan *e f g h i*, &c. que je mets légerement au crayon; enfuite du point *S*, (*fig. 3.*) je prens avec le compas la diftance *SI*, & de cette ouverture de compas & du point *B*, comme centre, (*fig. 1.*) je décris un arc qui coupe de même que le premier les deux jambes de l'angle *ABC*, puis le compas ouvert de la corde de cet arc, & du point *s*, (*fig. 4.*) comme centre, je fais un petit arc en *i*; enfuite du point *B* & de l'intervalle *HI* je décris un arc qui coupe encore les deux jambes *B A*, *BC*; & le compas ouvert de la corde de cet arc, & du point *h*, je fais une fection qui coupe le petit arc, ce qui détermine le point *i*.

On continue de faire les mêmes opérations pour avoir les autres points *k*, *l*, *m*,

E

n, o, &c. du plan proposé, (*fig. 4.*)

Si au contraire on propose de réduire le petit plan *e f g h i*, &c. sur la grande échelle *Y*, on opérera comme nous avons fait, en se servant de l'angle de réduction *b a c*, (*fig. 2.*) & on aura de même le plan *EFGHI*, &c. (*fig. 3.*)

Mais comme cette réduction est fort longue, par le grand nombre d'opérations qu'il faut faire, puisqu'il en faut quatre pour la position de chaque figure, si le plan à réduire n'est qu'un brouillon, dont les lignes sont suivant les mesures, ou bien si l'on veut sacrifier le plan, on pourra le réduire avec beaucoup moins de peine & de tems, en tirant du point *S*, pris à volonté, dans le plan, comme nous l'avons dit ci-devant, des lignes à tous les angles de la figure *E F G H I*, &c. & en réduisant tous ces rayons par l'angle de réduction *A B C*, (*fig. 1.*) on aura le petit plan dans le grand, ce qui épargnera la moitié des opérations ci-devant.

Si au contraire on veut réduire le petit plan en grand, on prolongera les rayons de ce plan, en réduisant de même ces rayons de petit en grand, par l'angle de réduction *a b c*, (*fig. 2.*) on trouvera sur leur prolongement le grand plan *EFGHI*, &c. qui sera par conséquent circonscrit au petit, ce qui coutera encore la moitié moins d'opérations que lorsqu'il faut réduire le plan sur une autre feuille de papier.

On réduira de même par l'angle de réduction les isles des maisons, ce qui donnera aussi les rues dans leur réduction.

A l'égard du paysage des environs de la place, on le réduira par les carreaux, en observant d'orienter chaque plan dans son quadre de la même façon : chaque côté de l'un & de l'autre plan doit avoir le même nombre de toises, selon leur échelle.

Nota 1°. Que par le moyen de l'angle de réduction on pourra remettre sur des échelles qui auront rapport au pied de Roi, les plans qui sont sur des échelles faites au hazard.

2°. Que lorsqu'on veut réduire de petit en grand, il faut que l'échelle que l'on détermine pour le grand plan soit moins que le double de celle du petit plan ; car si elle en étoit le double ou encore plus grande, on ne pourroit pas former l'angle *a b c, par la* 20° *propos. d'Euclide.*

3°. Il n'en est pas de même lorsqu'on réduit de grand en petit, il n'y a nul inconvénient, & le plan que l'on trouve par la réduction est plus juste que lorsqu'on réduit de petit en grand.

4°. Que pour ne se point brouiller dans la réduction des plans où le nombre des

piéces de fortification est grand, il faut garder un certain ordre, comme de réduire
tout de suite tous les rayons de la place,
comme *SE*, *SG*, &c. puis ceux des demi-
lunes du même corps de la place, & ensuite ceux des autres ouvrages qui entourent
cette place.

5°. Qu'il sera mieux de tracer l'angle de
réduction sur une ardoise que sur toute autre matiere, comme sur du velin, ou encore moins sur du papier, parce que les centres
B & *b* qui reçoivent si souvent la pointe du
compas, s'élargissent aisément sur ces deux
matieres, ce qui n'arrive pas sur l'ardoise;
de plus l'on voit mieux sur cette derniere les
portions de cercle, c'est-à dire les arcs que
l'on y trace; & au défaut de l'ardoise, le velin
est à préférer au papier.

6°. Que lorsque l'ardoise est fort pleine
de traits, on les efface avec du charbon
noir.

Présentement on propose de réduire un
plan à la moitié juste. Pour y parvenir, faites un quarré qui ait pour côté un certain
nombre de parties de l'échelle du plan que
l'on veut réduire, comme 300 plus ou moins,
selon qu'on jugera à propos, & la moitié
de la diagonale de ce quarré sera l'échelle
du plan, qui doit être la moitié de celui
qui est proposé à réduire, & cette échelle
contiendra le même nombre de parties que

la grande, c'eſt-à-dire 300, mais elles feront plus petites.

Si au contraire l'on vouloit que le plan fût double de celui que l'on veut réduire, il faudroit prendre la diagonale entiere pour l'échelle du plan à faire, & cette échelle ne contiendroit toujours que 300 parties, comme la petite.

Pour réduire un plan au tiers, il faut faire *ab* (*pl. 6. fig. 5.*) d'un certain nombre de parties de l'échelle du plan à réduire, tel que vous voudrez, comme 300 ; enſuite faire un demi-cercle ſur cette ligne *ab*, puis la diviſer en trois parties égales *ac*, *cd*, & *db*. De l'une de ces diviſions, comme *c*, élever une perpendiculaire qui coupera le demi-cercle en *e*, & des points *a* & *e* tirer la ligne *ae*, qui ſera l'échelle du plan propoſé, laquelle échelle contiendra 300 parties comme la grande.

Si au contraire il falloit faire un plan triple d'un autre, faites un quarré *aefg* (*même fig.*) dont un des côtés ſoit tel nombre de parties que vous voudrez, comme 300 de l'échelle du plan que l'on veut tripler. Prolongez un des côtés du quarré, comme *fe*, indéfini en *b*, faites *eb* égale à la diagonale *ag*, & tirez la ligne *ab*, qui ſera l'échelle d'un plan trois fois plus grand que le propoſé. Si on prend pour échelle la ligne *eb*, on aura un plan qui ſera les deux tiers de celui qui fera fait fur la ligne *a b*.

Pour réduire un plan au quart, il ne faut que diviſer en deux parties égales l'échelle du plan propoſé, & l'une des deux moitiés fera l'échelle du plan, qui ne doit être que le quart du propoſé à réduire, & cette moitié d'échelle contiendra le même nombre de parties que l'échelle entiere.

Si au contraire il falloit faire un plan qui fût quatre fois plus grand qu'un autre, il ne faudroit que doubler l'échelle du plan propoſé à quadrupler, & cette échelle une fois plus grande ne contiendroit toujours que le même nombre de parties de celles du plan propoſé.

Toutes ces pratiques font fondées *ſur la 47ᵉ du premier livre d'Euclide.*

Comme la maniere de réduire les plans de grand en petit & de petit en grand, par l'angle de réduction, eſt très-longue dans ſes opérations, j'ai cherché en vain pendant quelques années s'il n'y auroit point une mé-thode plus expéditive, & qui fût en même tems géométrique & non tatonneuſe ; & après un an d'intervalle m'étant remis à cher-cher, j'ai enfin imaginé depuis peu un inſtru-ment fort ſimple dans ſa conſtruction, & très-expéditif dans ſes opérations, & aſſez univerſel pour toutes ſortes de Deſſeins ; mais avant que d'expliquer la maniere de s'en ſer-vir, il convient d'en donner la conſtruction : la voici.

Cet inftrument, (*pl.* 24. *fig.* 1.) eft compofé d'une grande régle *A B*, que je nomme *Régle de bafe*, de fix autres régles *C, D, E, F, G, H*, que j'appelle *Régles mouvantes*, & de fept coulans *a, b, c, d, e, f, g,* faifant charniere avec le bout des régles *E, F, G, H.* Toutes ces régles & ces coulans doivent être de laiton bien battu au marteau, pour le rendre ferme & dur.

La grande régle *A B* doit avoir environ trente pouces de longueur, afin qu'elle puiffe fervir à d'affez grands deffeins, fur neuf lignes de largeur & une ligne d'épaiffeur au plus.

La régle *C* aura dix-huit pouces de longueur fur fix lignes de largeur, & une demi-ligne d'épaiffeur au plus.

La régle *D* aura treize pouces de longueur fur la même largeur & épaiffeur que la régle *C.*

Les deux régles *E* & *F* doivent avoir quatorze pouces chacune de longueur fur fix lignes de largeur, & une demi-ligne d'épaiffeur au plus.

Les deux autres régles *G* & *H* auront vingt pouces chacune de longueur fur la même largeur & épaiffeur que les deux précédentes.

Chaque bout des quatre régles *E, F, G, H,* formera un cercle d'un pouce de diamétre, & l'un des côtés de chacune de ces régles paffera par le centre du cercle, comme il eft évident par les *fig.* 2. *3. 4. 5.*

Chaque coulant *a* , *b* , *c* , *d* , fera compofé de deux lames d'un pouce de largeur chacune , fur une demi-ligne d'épaiffeur , & de deux petites piéces de trois lignes de largeur chacune fur une demi-ligne d'épaiffeur , qui eft celle des régles. Ces petites piéces que l'on a ponctuées , comme il paroît par les *fig 6* & *8* , feront placées entre les deux lames efpacées de la largeur des régles , c'eft-à-dire de fix lignes , & rivées chacune en deux endroits , comme il paroît par les mêmes *fig.* 6. & *8.*

Les deux coulans *e* & *g* feront auffi compofés de deux lames de même largeur & épaiffeur que les quatre ci-devant ; mais une des lames de chacun de ces deux coulans fera de deux piéces , comme il eft aifé de voir par le profil, (*fig. 10.*) & comme la régle *A B* a une ligne d'épaiffeur , l'une des petites piéces ponctuées fur les *fig.* 6. & *8.* aura auffi une ligne d'épaiffeur fur toujours trois lignes de largeur , & celle du côté de la charniere n'aura qu'une demi-ligne d'épaiffeur , qui avec une des deux demi-lames feront enfemble l'épaiffeur de la régle *A B* , & les lames de chaque coulant feront attachées avec leurs petites piéces par quatre rivures , comme l'on peut voir par les *fig.* 6. & *8.*

Enfin le coulant *f* fera compofé comme les autres de deux lames d'un pouce de largeur fur une demi-ligne d'épaiffeur , & de deux petites piéces de trois lignes de largeur fur une ligne d'épaiffeur, qui eft celle de la régle *A B* , ainfi que celle des deux bouts l'un fur l'autre des régles *F* & *G*, comme il eft aifé de voir par le profil, *fig.* 9.

Il refte à dire pour la conftruction de cet inftrument, que les deux régles *E* & *F* (*fig.* 1.) étant de même longueur, comme il paroît par les *fig.* 2. & 3. doivent être limées, dreffées & percées enfemble l'une fur l'autre pour plus grande jufteffe ; & pour cela il eft néceffaire de tenir ces régles fermes avec un petit étau à main à chaque bout , afin qu'elles ne puiffent point varier de la moindre chofe, fur tout pour en forcer l'endroit qui doit faire charniere. Il eft bon que ce trou foit au moins de deux lignes de diamétre, afin qu'en rivant les clous il fe refoule perpendiculairement & non obliquement, & qu'on y puiffe marquer le centre du cercle.

On fera la même chofe pour les deux autres régles *G* & *H*, (*fig.* 1.) étant de même égales entr'elles, comme il paroît auffi par les *fig.* 4. & 5.

Après que ces régles feront percées aux deux bouts, comme il paroît par les *fig.* 2. 3. 4. & 5. on y mettra à force une cheville de bois que l'on rafera pour y marquer le centre du trou de chaque bout ; enfuite on tracera d'un centre à l'autre une ligne, qui fera le côté de dedans de la régle, lequel côté doit être dreffé & limé le premier, puis on dreffera l'autre côté en tenant toujours les régles enfemble l'une fur l'autre avec les deux petits étaux à main, quoique l'on mette l'ouvrage dans le grand étau pour le limer.

On agira de même pour les lames & pour les petites piéces des coulans, je veux dire qu'on les percera & dreffera enfemble l'une fur l'autre pour plus grande juteffe.

On obfervera que les coulans foient juftes à leurs régles ; & afin de les tenir fixes au point où on les aura mis pour opérer, on fichera un petit morceau de plume en forme de coin entre ces coulans & leurs régles, foit fur le côté ou fur le plat de la régle ; car je me perfuade que ces coulans ne fçauroient être fi juftes qu'on n'y puiffe bien introduire quelque chofe de mince d'une matiere folide.

Nota. Que l'inftruction que nous venons de donner pour la conftruction de l'inftrument en queftion n'eft point pour ceux qui font les inftrumens de Mathématiques, parce qu'ils font au fait du travail de ces fortes d'ouvrages , mais bien pour les ouvriers de province qui ne font pas dans l'ufage d'y travailler.

Maniere de monter & d'ajuster l'Instrument, & de s'en servir. pl. 24.

On suppose que l'on veut réduire un grand plan en un plus petit. Il faut 1°. joindre ensemble par le côté, comme la *fig. 1.* le fait voir, le plan à réduire & le papier sur lequel on veut avoir le plan réduit, en les colant légerement sur leur bord en trois ou quatre endroits seulement, ou bien en les attachant avec des épingles minces, comme celles à faire la dentelle, afin de ne point gâter le plan à réduire.

2°. Arrêter sur la régle *A B* les deux coulans *e* & *f* à la distance de la largeur du grand plan à réduire, ensorte que le nombre des parties de l'échelle de ce plan que contiendra la ligne ponctuée *h*, soit sans fraction ; arrêter de même sur la régle *C* les deux coulans *c* & *d* à la même distance, pour avoir le parallelogramme *E F h l.*

3°. Arrêter aussi sur la régle *A B* le coulant *g*, ensorte que la ligne ponctuée *k* contienne le même nombre de parties de l'échelle sur laquelle on voudra le petit plan, que la ligne ponctuée *h* en contient de l'échelle du plan à réduire, & enfin arrêter de même sur la régle *D* les deux coulans *a* & *b* à la même distance, pour avoir le parallelogramme *G H i k.*

4°. Les régles étant ainfi difpofées fuivant les échelles du grand & du petit plan, on pofera l'inftrument fur ces deux plans, enforte que la régle *AB* foit fur le bord d'en bas des plans, & le coulant *f* fur la ligne qui fépare le grand plan du petit, comme il eft aifé de le voir par la *fig. 1.* enfuite on arrêtera cette régle *AB* avec deux pointes qui pafferont à travers la régle, les plans & le carton qui fera deffous ces plans, afin qu'elle ne varie point pendant les opérations.

5°. Enfin pour avoir tous les points néceffaires du grand plan fur le petit, comme par exemple le point *M* qui eft marqué par l'interfeÉtion des deux régles *E & G*, on fera marcher le parallelogramme *E F h l*, jufqu'à ce que la régle *E* foit fur le point *M*; enfuite on coulera le parallelogramme *E F h l*, jufqu'à ce que la régle *G* foit arrivée au point *M*, alors l'interfeÉtion des deux régles *F & H* donnera le point *m* fur le petit plan. Agiffant de même pour tous les autres points du plan à réduire, on aura le même point fur le plan que l'on défire.

Nota 1°. Qu'il fera mieux de faire gliffer le parallelogramme *G H i k* fur le parallelogramme *E F h l*; pour cela il faut mettre la régle *F* fous la régle *G* dans la charniere du coulant *f*.

2°. Que fi la régle *AB* n'étoit pas affez

longue pour le grand & le petit plan, étant joints enfemble à côté l'un de l'autre, il faudroit les joindre par leur plus grand côté, comme nous l'avons fait dans le Deffein, (*fig. 1.*)

3°. Et fi l'inftrument fe trouvoit trop court pour atteindre dans toute la hauteur du plan, après que l'on auroit fait toutes les opérations qu'on en auroit pû tirer, on remonteroit l'inftrument bien parallelement à la premiere bafe qu'on lui auroit établi, afin de pouvoir achever le plan.

4°. Qu'il eft mieux de tourner le côté des régles qui paffe par le centre des cercles de leurs bouts du côté du jour, pour voir plus aifément par leur interfection le point que l'on defire ; car il eft bien certain que fi les régles étoient tournées au contraire, l'ombre de leur épaiffeur empêcheroit de voir librement le point d'interfection.

5°. On pourra faire un bifeau ou chanfrein fur l'arrête d'un des côtés des régles *G & H*, (*fig. 1.* ou *fig. 4 & 5.*) ; ce côté eft celui qui paffe par le centre des cercles qui font aux bouts des régles, afin que n'y ayant que l'épaiffeur d'une des régles qui fe croifent, l'on puiffe voir avec plus de facilité le point trouvé par l'interfection de ces régles. Il faut bien prendre garde de fe méprendre, c'eft aux deux régles qui coulent fur les deux autres qu'il faut faire le bifeau.

6°. Et qu'enfin l'on pourra faire un étui à cet inftrument, qui aura trente pouces de longueur fur un pouce de largeur dans œuvre, & fur la profondeur qui fera néceffaire pour loger les fept régles l'une fur l'autre : à l'égard des coulans, ils trouveront leur place au bout des régles qui feront les moins longues.

Remarque.

Quoique la réduction des plans ne paroiffe pas convenir ici , puifqu'elle dépend plutôt de la Géométrie que du Deffein , nous avons cependant jugé à propos d'en parler , parce que tous ceux qui fe mêlent de deffiner ne font pas toujours Géométres.

SECTION IX.

Des maximes pour bien tirer des lignes proprement.

POUR bien tirer des lignes proprement , outre l'habitude, il faut obferver ce qui fuit.

1°. Que le bec de la plume foit coupé droit & net; j'entens par droit, qu'il n'y ait pas une des deux parties du bec plus longue que l'autre.

2°. Que ce bec ne foit ni trop long ni trop court, c'eft-à-dire que la fente ne foit tout au plus que d'une ligne & demie de longueur, & que la plume foit moins évuidée que pour écrire.

3°. Que le papier fur lequel on veut tirer des lignes foit fur une planchette unie & droite, ou fur un carton, & non point fur quelque corps molaffe, comme feroient plufieurs papiers l'un fur l'autre.

4°. Que l'encre de la Chine ni le carmin ne foient pas trop épais ni trop clairs, mais raifonnablement, parce que s'ils étoient trop épais l'un & l'autre, ils ne couleroient pas bien, & les lignes ne feroient pas nettes ; & fi la couleur étoit trop claire, les lignes n'auroient pas affez de corps, c'eft-à-dire qu'elles ne feroient pas affez noires ou affez rouges ; cependant il vaudroit encore mieux qu'elles euffent un peu moins de corps que d'en avoir trop, parce que les lignes étant trop nourries, elles contiennent une certaine épaiffeur de couleur qui ne fe détrempe que trop aifément, quoique bien gommée, lorfqu'on vient à laver auprès, ce qui gâte les lignes même & le lavis ; c'eft pourquoi il eft bon de gommer raifonnablement le carmin, fans lui en donner trop, car il ne couleroit pas non plus comme il faut.

5°. De ne point appuyer l'eftomac contre

la table, lorfqu'elle n'eft pas comme celle dont nous avons donné le deffein dans la *Planche* 2. mais s'y appuyer, fi l'on veut, le bras gauche, obfervant que la main droite qui tient la plume foit libre & légere ; car il ne faut point en appuyer le bras fur la table en tirant une ligne, parce que l'on feroit contraint.

6°. Secouer une fois feulement la plume à chaque fois qu'on l'aura trempée dans la couleur, afin que s'il y en a trop l'excès tombe dans le vafe & n'empliffe point la régle, ni ne tombe point fur le deffein.

7o. De ne pas trop appuyer la plume fur le papier ni contre la régle, mais légerement fur l'un & contre l'autre, afin que la ligne foit égale dans toutes fes parties. La pratique eft néceffaire dans cet article ; comme auffi de ne point paffer les points qui marquent les extrémités de chaque ligne.

8°. Enfin de tenir la plume prefqu'à plomb fur le papier, lorfque l'on tire des lignes, & non point couchée, parce que les lignes font bien plus nettes & plus quarrées.

Nota 1°. Qu'on doit faire auffi à la régle les lignes ponctuées, comme celle des arrêtes des voûtes & autres, & non point à la main, comme je l'ai vû faire à quelques-uns, parce qu'elles ne font jamais fi propres.

2°. Qu'il fera mieux auffi de faire à la
régle

régle les hachures qui marquent la coupe des piéces de bois; mais il ne faut les faire qu'après que l'ouvrage est lavé, parce que si l'on met la teinte sur les hachures, elle les détrempe en partie, & gâte par conséquent la teinte que l'on met en cet endroit.

3°. On observera la même chose pour les lignes ponctuées qui marquent des ouvrages souterreins dans les plans, ou des ouvrages qui sont derriere d'autres, comme il peut arriver dans les façades.

AVERTISSEMENT.

Comme il y a souvent de la difficulté à tailler une plume bien fine, pour tirer des lignes fort déliées, on observera de tailler toujours une plume neuve, c'est-à-dire qui n'a point encore servi, pour les traits déliés, parce que le bout des plumes étant plus sec & moins gras, il se fend toujours plus net; il est aussi moins épais, par conséquent plus propre à tailler pour les lignes déliées; & lorsque la plume aura été taillée deux ou trois fois au plus, on l'achevera d'user pour les grosses lignes. Les plumes que l'on nomme *bouts d'ailes* sont plus propres que les autres pour tirer des lignes, comme nous l'avons dit ailleurs. L'on se sert de plumes de corbeau pour les choses délicates dans le paysage.

Les maximes que nous venons d'enfei-
gner pour bien tirer des lignes proprement,
font fort bonnes pour le plan en entier d'u-
ne place ; mais lorfqu'il s'agit des plans des
bâtimens & autres ouvrages, ainfi que de
leurs coupes , profils & façades, où il y a
toujours de longues lignes , & fouvent paralleles & proches les unes des autres, comme dans les entablemens des façades, qui
comprennent *l'Architrave* , *la Frife* & *la
Corniche* & le deffous des fenêtres lorfqu'elles ne font pas bombées, leurs appuis, les
plinthes qui marquent les planchers de chaque étage, & les focles, il n'eft pas aifé,
ou plutôt pas poffible de bien tirer ces lignes paralleles & bien nourries dans toute
leur étendue , parce que la main ne conduit pas fi bien la plume le long de la régle qu'elle ne varie un peu, ou la plume,
ou même toutes deux, & que l'on n'appuye
un peu plus la plume en des endroits qu'en
d'autres , ce qui fait que ces lignes ne font ni
bien droites , ni nourries également, ni parfaitement paralleles, aufquels inconvéniens
je ne fçai point d'autre moyen pour mieux
faire , qu'en fe fervant du compas avec la
pointe à l'encre , en la maniere que voici,
qui eft une maniere de deffiner fort jufte &
fort commode.

Il faut placer premierement une régle de
bois *XZ* à une diftance parallele des lignes

qu'il faut tirer, sans ouvrir extraordinaire-
ment le compas, comme en *AB*, *Pl. 7.* (*a*)
qui sera, si l'on veut, la ligne du rez-de-
chaussée d'un bâtiment; ensuite appuyer une
des pointes du compas contre la régle, &
ce compas ouvert, de la distance *AC*, le
couler le long de la régle, & la pointe à
l'encre décrira la ligne *CD*; puis sans changer la régle de place, resserrer le compas à
chaque ligne qui forme les moulures de la
corniche, & couler de même le compas.

On opérera de même pour faire la plin-
the *EF*, ainsi que le dessous des fenêtres,
leur appuis & le socle; ensuite on remonte-
ra la régle en *CD*, pour faire le faîte *GH* &
les trois lucarnes.

Enfin lorsque toutes les lignes horizontales de cette façade seront tirées, on retour-
nera la régle selon *CA*, pour faire les lignes
perpendiculaires aux horizontales, comme
les deux côtés du bâtiment & les jambages
des portes & des fenêtres.

Nota 1°. Que par cette méthode la pointe à l'encre du compas ne cache pas les points
où se terminent les lignes; ainsi l'on n'est pas
sujet à passer ces points, comme lorsqu'on

(*a*) Il est bon d'avertir que le Graveur s'est trompé
dans cette Planche, lorsqu'il a éloigné la régle *XZ* de
la ligne *AB* du bâtiment; elle doit être précisément
contre cette ligne, pour pouvoir s'en servir comme il est
expliqué ici.

se sert de la plume , ce qui est encore un avantage.

2°. Que la pointe à l'encre étant ajustée pour faire les lignes déliées , lorsqu'il sera nécessaire d'en faire de grosses , il ne faudra que resserrer le compas de la grosseur de la ligne, pour joindre deux lignes ensemble, qui en feront une grosse.

3°. Que moins le compas est ouvert, moins il est sujet à varier, en le coulant le long de la régle.

4°. Qu'il faut toujours ouvrir le compas de la plus grande distance des paralleles à tirer , parce qu'il est plus facile en travaillant de le resserrer que de l'ouvrir.

5°. Qu'en coulant le compas le long de la régle, il est bon d'appuyer sur cette régle le petit doigt de la main qui tient le compas, afin qu'elle soit plus sûre.

6°. Que la couleur doit être un peu plus claire que lorsqu'on se sert de la plume, parce que la couleur ne coule pas si bien avec la pointe du compas qu'avec la plume.

Pour perfectionner cette maniere de des-siner , je voudrois que la régle fût percée aux deux bouts en *X* & *Z* , (*Planche 7.*) & y passer une épingle moyenne, que l'on feroit entrer à force , après que l'on auroit bou-ché les trous *X* & *Z* avec un petit mor-ceau de bois , observant de ne faire passer la pointe de l'épingle que d'environ une ligne au plus, & ces deux pointes qui entreroient dans le papier fur lequel on deffineroit, empêcheroient que la régle ne variât de la moindre chofe.

Et comme l'on eft obligé de tenir un peu en l'air la pointe du compas qui coule le long de la régle, pour ne point gâter le papier fur lequel on deffine, & qu'en tenant cette pointe en l'air la main peut varier, je voudrois auffi qu'il y eût une feuillure à la régle, qui fût bien jaugée, dans laquelle couleroit la pointe du compas, afin d'avoir la main plus fûre.

Il eft aifé de voir que cette maniere de deffiner eft très-commode & très-facile pour tirer des lignes bien paralleles; mais il faut convenir que ces lignes ne font jamais fi bien nourries ni fi nettes que celles qui font tirées avec la plume par une bonne main.

SECTION X.

Des maximes pour laver uniment en plein, & en adouciffant.

DE toutes les couleurs propres au lavis, il n'y a que le carmin & l'encre de la Chine qui féchent promptement, particulierement celle-ci, ce qui fait que ces deux couleurs font très difficiles à employer uniment, & en adouciſſant, principalement dans les grands deſſeins, c'eſt-à-dire ceux qui ſont ſur de grandes échelles, ſur-tout en été pendant les grandes chaleurs ; c'eſt pourquoi pour y réuſſir il faut :

1º. Que le papier ſoit ce qu'on appelle *battu & lavé*, & lorſqu'il ne le ſera pas, ce qu'on connoîtra quand il boira trop vîte la teinte ſans donner le tems de l'étendre uniment & de l'adoucir, on donnera une premiere teinte très-claire de la couleur qui conviendra, (*art. 1, 2, 3 & 4. Sect. III.*) pour étancher la ſoif du papier, s'il eſt permis de parler ainſi ; enſuite de quoi on lavera avec facilité ; mais il ne faudra pas attendre que la premiere teinte ſoit entierement ſéche, ni mettre une ſeconde teinte que le papier n'ait bu entierement la premiere, ſans être ſéche.

On a dit ailleurs que plus le papier étoit vieux, plus il étoit propre à deſſiner, pourvû qu'il eût toujours été en lieu ſec ; car il eſt certain qu'on lavera plus facilement ſur le vieux papier que ſur le nouveau, qui eſt, pour ainſi dire, encore tout verd.

2º. Que le pinceau ſoit toujours plein de la teinte qu'on employe, enſorte qu'elle flotte ſur le papier devant le pinceau.

3º. Que lorſqu'on voudra adoucir une teinte, en diminuant inſenſiblement à rien, comme fur les glacis & taluts, le pinceau ne foit pas plein d'eau, mais raifonnablement humecté; car lorfqu'il eft plein d'eau, il noye la teinte, l'étend plus loin qu'il ne faut, & l'affoiblit où elle doit refter forte: on obfervera de commencer cet adouciffement par le bout où l'on a fini d'étendre la teinte, en allant vers celui où l'on a commencé. Cet adouciffement doit fe faire promptement, quand la teinte eft de carmin ou d'encre de la Chine, parce que ces deux couleurs féchent fort vîte, comme nous l'avons déja dit; c'eft pourquoi il n'en faut pas beaucoup entreprendre à la fois, & quand l'efpace à laver eft trop grand, il faut fe fervir de gros pinceaux, qui font dans des plumes de cygne.

4°. Laver de tems en tems dans de l'eau claire le pinceau avec lequel on adoucit la teinte, afin qu'il n'en foit point humecté, je veux dire qu'il ne tienne point la teinte; après quoi on le portera à la bouche, ou on l'effuiera légerement fur du gros papier gris, pour tirer la plus grande partie de l'eau qu'il a prife en le lavant dans l'eau claire, pour les raifons que nous avons dites dans l'art. 3.

5°. De ne jamais fe fervir de vieille teinte, tant en rouge qu'en noir, mais d'en faire toujours de nouvelle toutes les fois qu'on en

F iiij

aura besoin, si l'on veut que le lavis soit propre & vif.

6°. Enfin de remuer la teinte avec le pinceau chaque fois qu'on en prend pour laver,
afin que le lavis soit toujours égal; & pour
la même raison il faut en été, sur-tout lorsqu'il fait du hâle, mettre de quart d'heure
en quart d'heure une goutte d'eau avec le
doigt dans la teinte, pour l'entretenir toujours égale.

Nota 1°. Que si le lavis d'encre de la Chine paroît trop dur, il faut passer dessus de
la mie de pain légerement, ensuite étendre
une demi-teinte de bistre, cela le rendra
plus tendre & plus moëlleux.

2°. Que l'on ne doit jamais se servir in-
différemment de tous les pinceaux pour employer la couleur d'eau, mais toujours de
celui dont on se sera une fois servi pour
cette couleur.

SECTION XI.

De quel côté l'on doit faire venir le jour
dans les desseins. Pl. 8.

IL est toujours mieux & de meilleur goût
dans tous les desseins, & c'est même assez l'usage dans les estampes & dans les

tableaux, de faire venir le jour à gauche plutôt qu'à droite. Par exemple, *A B C D* est le quadre d'un deſſein, je ſuppoſe que le deſſein qui eſt dans ce quadre eſt tourné de maniere qu'on ſoit obligé de le regarder dans le ſens qu'on voit ici le quadre *ABCD*, alors le jour doit venir de l'angle *A* : voilà pour les deſſeins qui repréſentent des profils, des façades & des élévations.

A l'égard de ceux qui repréſentent des plans en géométral, ſoit le plan particulier d'un bâtiment & autres ouvrages, ſoit le plan en entier d'une place, comme ces plans ſont conſidérés à vûe d'oiſeau, ils ne doivent pas à toute rigueur avoir aucun jour de côté, ni aucun ſens déterminé pour les regarder; cependant les Ingénieurs prennent un jour pour donner quelque relief à ces ſortes de plans, afin qu'il plaiſent à la vûe; & ce jour doit toujours venir du côté gauche, comme nous l'avons dit ci-devant. Ils en uſent de même pour le payſage des environs de la place.

Pour donc ſatisfaire à ce goût que la licence a autoriſé, je donne deux régles générales. *La premiere*, que de tout ce qui doit être entendu élevé au-deſſus du rez-de-chauſſée dans un plan, ou en ſaillie dans une façade, le jour venant de l'angle *A* du quadre *ABCD*, (*planche 8.*) comme nous l'avons ſuppoſé, les parties du deſſein du côté des lignes *A B* & *A D* feront éclairées , & par conféquent les lignes en doivent être déliées ; & celles qui feront du côté de *B C* & de *C D* , feront du côté de l'ombre, par conféquent les traits en feront plus gros : ainfi fuppofant que la fig. *abcd*, (*pl. 8. fig. 1.*) eft une ifle de maifons bourgeoifes dans le plan d'une place, ou, fi l'on veut, la façade d'un bâtiment, les lignes *a b* & *a d* doivent être déliées , & les lignes *b c* & *c d* feront plus groffes.

Mais fi la figure étoit tournée dans le quadre enforte que nous la viffions comme la figure 2, (*même planche*) c'eft-à-dire que fes lignes fiffent face aux angles du quadre *AB CD*, alors il feroit encore mieux de faire les deux lignes *e f* & *e h* déliées, & *f g* & *g h* d'un trait plus gros.

Et *la feconde*, que de tout ce qui doit être enfoncé au-deffous du terrein de la campagne, comme un foffé & une riviere , ou dans une façade de bâtiment , comme les portes & les fenêtres, les parties du deffein du côté de la ligne *A B* & *A D* feront dans l'ombre, & celles du côté de *B C* & de *C D* feront éclairées : je fuppofe donc que la figure 3 (*planche 8.*), eft une riviere ; fuivant cette régle les lignes *i k* & *m n* doivent être groffes, & *k l* & *n o* déliées, comme il eft évident par le profil *p q r s t u*, (*même pl.*) où la ligne *q r*, qui eft un des bords de la riviere ou canal, est grosse, parce que ce bord n'est pas éclairé ; & la ligne *s t*, qui est l'autre bord, est déliée, parce que le jour donne sur celui-ci.

SECTION XII.

Des Jours & des Ombres, & de quelle maniere ces dernieres sont produites. Planches 9. 10. & 11.

PAR le moyen des jours & des ombres, le dessein le plus plat paroît de relief, parce que l'un & l'autre donnés à propos en détachent les parties les unes des autres, en arrondissent & relevent en bosse les unes, & en creusent ou enfoncent les autres ; ainsi les ombres & les jours sont absolument nécessaires dans les desseins, sur-tout dans ceux de l'Architecture civile & militaire , qui sont toujours représentés d'une maniere toute plate , la perspective n'y étant point employée , à cause que l'on a besoin d'en connoître les dimensions , & de prendre des mesures sur ces desseins, pour la construction & l'exécution des ouvrages qu'ils représentent.

Mais pour bien placer & figurer les ombres, on auroit besoin d'un Traité complet sur cette matiere, qu'il ne convient pas de

donner ici , parce qu'il dépend de la perf-
pective (*a*) ; nous dirons feulement en paffant , pour les ombres qui font néceffaires
dans ce Traité , qu'il y en a de deux fortes,
fçavoir des ombres coupées , & des ombres
adoucies, dont nous avons donné les définitions dans *l'art. 11. de la fection I. de cette
feconde partie.*

Il refte à dire de quelle maniere ces ombres fe forment fur les furfaces où elles font
reçues. La voici.

1°. Les ombres qui font produites fur des
furfaces cylindriques & fphériques , comme
fur une colonne ou fur un dôme , par ces
corps mêmes , font toujours adoucies des
deux côtés, fçavoir du côté que le corps ou
la furface eft éclairée, & de celui qui ne l'eft
pas. (*plan. 10. fig. 1. & 2.*)

2°. Mais les ombres qui fe font fur des fu-
perficies concaves, comme dans la moitié
de la fphere, (*fig. 4. même planche*) par ces
corps mêmes , ces ombres ne font adoucies
que d'un côté , qui eft celui fur lequel le

______

(*a*) Depuis l'impreffion de cet Ouvrage , M. *Dupain
l'aîné* a donné au Public un Traité complet fur les ombres,
qui remplit pleinement les vues de M. *Buchotte* , & qui fem-
ble ne rien laiffer à defirer là-deffus. Il a pour titre , *La Scien-
ce des Ombres par rapport au Deffein :* il eft de même format
& grandeur que celui-ci , & fe vend chez le même Libraire ;
ainfi le Lecteur peut y avoir recours pour fuppléer à ce qui
manque ici fur cette partie de la Perfpective , fi néceffaire
aux Ingénieurs, aux Architectes, & à tous les Deffinateurs
en général.

jour donne, comme il est évident *par les mêmes fig. 3. & 4.*

3°. A l'égard des ombres qui sont produites par d'autres corps que par ceux sur lesquels elles sont reçues, soit que la superficie de ces derniers soit plane ou sphérique, ces ombres sont toujours coupées; ainsi une lucarne ou un œil de bœuf sur un dôme produit une ombre coupée sur ce dôme, de même que sur un plan de couverture plane, parce que cette lucarne ou cet œil de bœuf tranche tout d'un coup le jour.

4°. L'ombre produite par un corps sur une surface verticale, si le jour passe par-dessus le corps qui produit l'ombre, cette ombre formera un triangle dont la base sera égale à sa hauteur, si l'on suppose que le corps lumineux est élévé à 45 degrés au-dessus de l'horizon; c'est ce qui arrive à la face du bâtiment, (*pl. 11. fig. 2.*) à cause du pavillon à gauche par-dessus lequel le jour passe, & à la partie de courtine marquée *D* (*planch. 9. fig. 1.*), à cause du flanc *C* par-dessus lequel le jour passe de même.

5°. Si une surface qui est dans l'ombre est parallele à notre vûe, l'ombre sera égale dans toute son étendue.

6°. Mais si la surface n'est point parallele à notre vûe, comme la face *B* du bastion, (*pl. 9. fig. 1.*) l'ombre sera inégale dans toute son étendue, & toute sa force commencera où le jour est tranché , comme ici à l'angle flanqué , parce que cette partie étant censée plus près de notre vûe , elle doit, suivant l'optique , nous paroître plus sensible ; & par la même raison cette ombre doit diminuer insensiblement jusqu'à l'angle de l'épaule , à mesure que les parties de cette face *B* s'éloigneront de notre vûe , & l'on fera ensorte que la teinte ne fasse qu'éteindre la blancheur du papier où l'ombre finit. Il en doit être de même du flanc *C* , (*même fig.*)

7°. Si une surface est inclinée à l'horizon, comme il arrive lorsqu'on représente en plan, c'est-à-dire à vûe d'oiseau, le comble d'une couverture , pour en faire voir les noues & les arrêtiers , comme ici (*pl. 11. fig. 5.*) la face *S* & la croupe où est l'ouverture *R* étant du côté de l'ombre , l'ombre qui sera sur ses faces aura toute sa force à leur sommet & diminuera insensiblement jusqu'à leur pied, pour la même raison que nous avons dite *art. 6*. Il en sera de même pour les faces à droite des deux pavillons & pour leurs croupes. Il en doit être encore de même pour les glacis du chemin couvert d'une place ; & après avoir donné l'ombre nécessaire sur ces faces, on étendra la teinte qui conviendra à la nature d'ouvrage. (*Sect.III. art. 2. & 3.*) Ainsi si la couverture est de tuiles, on passera une demi-teinte de vermillon , ou une d'indigo si elle est d'ardoise.

Voilà pour les ombres ; voyons à préſent pour les jours.

8°. Si une ſurface éclairée eſt parallele à notre vûe, le jour ſur cette ſurface ſera égal dans toutes les parties de la ſurface.

9°. Mais ſi cette ſurface n'eſt point parallele à notre vûe, comme la face *A* du baſtion (*pl. 9. fig. 1.*), le jour ſera inégal dans toute l'étendue de cette face, & toute ſa force, qui ſera à l'angle flanqué, diminuera inſenſiblement à rien juſqu'à l'angle de l'épaule, pour la même raiſon, *art 6.* & l'on paſſera ſur cette face la teinte qui conviendra à la nature d'ouvrage. (*Sect. III. art 2. &* 3.) Il en ſera de même du flanc *E*.

AVERTISSEMENT.

Comme j'ai remarqué que la plûpart des Ingénieurs & des Deſſinateurs lavent le toîc dans une façade de bâtiment plus fortement à ſon ſommet qu'à ſon pied, de la couleur qui convient à la nature d'ouvrage, ce qui vient de ce qu'ils prennent dans les eſtampes des Graveurs les hachures pour le plus fort de la couleur, il eſt bon d'avertir ici que c'eſt au contraire le blanc du papier qui en eſt le plus fort, comme il eſt évident par les eſtampes même, puiſque dans une eſtampe qui repréſente une face de bâtiment, s'il y a des avant-corps à cette façade, le Graveur laiſſe le premier, qui eſt cenſé le plus près de notre vûe, entierement blanc ; le ſecond qui en eſt plus éloigné, il le hache foiblement ; s'il y en a un troiſiéme, comme il eſt encore plus reculé, il le hache plus fortement ; & enfin la face du bâtiment étant encore plus reculée que celle du troiſiéme avant-corps, il en fait la hachure encore plus forte (a). Par la même raiſon il hache le toît du bâti-ment d'une certaine force au ſommet, & diminue la force de la hachure inſenſible-ment à rien juſqu'au pied de ce toît, qu'il laiſſe entierement blanc, ce qui fait fuir le faîte & avancer le pied, c'eſt-à-dire que le toît paroît incliné, comme il le doit être ; & de la maniere que la plûpart des Ingé-nieurs & des Deſſinateurs le lavent, il pa-roît au contraire ſe redreſſer, au lieu de s'incliner.

Or ſuivant l'optique, plus les objets ſont éloignés de notre vûe, moins ils nous pa-roiſſent ſenſibles ; mais les arrieres - corps dans une façade de bâtiment ſont plus éloi-gnés de notre vûe que les avant-corps, de même le faîte d'un toît eſt auſſi plus éloigné que le pied : or dans les eſtampes des Gra-veurs le premier avant - corps eſt blanc, &

(a) Voyez le Traité de la diſtribution des maiſons de plaiſance, &c. par M. J. F. Blondel, tom. 1. Pl. 4, 5, 6, 14, 20, 25, 26, 41, 42, 43, & le Cours d'Architecture de M. d'Aviler in-4°.

les

les autres font hachés plus fortement à proportion qu'ils font plus éloignés ; de même le pied du toît eft blanc, & le refte jufqu'au faîte eft haché, & cette hachure eft fortifiée à mefure qu'elle approche du faîte.

Donc le blanc du papier dans les eftampes des Graveurs, eft le plus fort de la couleur qui repréfente la nature d'ouvrage.

SECTION XIII.

Par quelle teinte on doit commencer à laver les plans particuliers des ouvrages & des bâtimens, ainfi que leurs coupes, profils, élévations & façades.

DANS les deffeins des plans particuliers & dans ceux de leurs coupes, profils, façades, &c. il faut toujours commencer par faire les ombres coupées & adoucies, pendant que le papier eft droit ; car comme les teintes mouillent beaucoup le papier & le pénétrent entierement, il fe fait plufieurs boffes en féchant, fur lefquelles il n'eft pas aifé de faire les ombres coupées bien proprement & bien juftes, non plus que les ombres adoucies , quelque foin qu'on y prenne ; & lorfque toutes les ombres feront faites, on mettra les autres teintes qui con-

G

viendront , en paſſant deſſus les ombres , ſans les épargner.

Nota 1º. Qu'il ne faut point faire aucune hachure , comme au bout des piéces de bois qui ſont compriſes dans les coupes des deſſeins , qu'après qu'on les aura lavé de la couleur de bois , parce qu'en mettant la teinte deſſus les hachures , elle les détrempe en partie , & gâte par conſéquent la couleur de bois en cet endroit.

2º. Il ne faut pas non plus que l'encre de la Chine ſoit trop noire pour faire les hachures , dont les traits doivent être auſſi déliés que les lignes qui marquent les taluts des ouvrages. La même teinte ſervira encore pour ponctuer les arrêtes des voûtes qui ſont au-deſſus du rez-de-chauſſée.

SECTION XIV.

Des plans particuliers , tant des bâtimens civils , que des ouvrages de fortification. Pl. 11. 12. 13.

1. COMME les plans de tous les ouvrages ſont cenſés pris à une certaine hauteur pour en faire voir toutes les parties, celui d'un bâtiment civil eſt toûjours pris à la hauteur de l'appui des fenêtres pour en

faire voir leur diftribution ; ainfi les murs étant cenfé coupés en cet endroit , le plan en doit être lavé d'une teinte entiere de la couleur qui conviendra, (*art.* 2. & 3. *Sect.* 3.) en épargnant l'endroit des portes & des fenêtres où l'on ne lave rien , (*art.* 4. *même Sect.*) Il en fera de même pour le plan de chaque étage.

2. Les cloifons de charpente feront lavées d'une couleur de bois , quoiqu'il y ait de la maçonnerie entre les poteaux , pour les diftinguer des murs en parpain, qui ont à peu près la même épaiffeur ; ou en rouge fi c'eft un projet, lorfque c'eft de l'Architecture civile ; & en jaune , fi le projet eft de l'Architecture militaire.

3. Les cloifons de planches feront auffi lavées de la couleur de bois , & quoiqu'elles puiffent être affez diftinguées des cloifons de charpente avec galandage, par leur épaiffeur qui eft bien différente , on ne laiffera pas que de hacher leur plan , parce que la coupe de tous les ouvrages de bois doit être hachée.

4. Les portes & les fenêtres fe marquent dans les murs par des efpaces non lavés qui en marquent les largeurs , aufquels efpaces on figure leurs tableaux & leurs embrafures , comme il eft aifé de voir par le plan du rez-de-chauffée, (*pl.* 11. *fig.* 1.)

5. Quant aux efcaliers , on en marque la premiere rampe en lignes noires déliées , &

les autres rampes, s'il y en a, par des lignes ponctuées, (*fig. 1. même pl. 11.*) pour faire connoître qu'elles sont en l'air ; & on ne lave que le limon de la premiere rampe, & jamais les marches, à moins que le plan de l'escalier ne fût en particulier sur une grande échelle, qui fût au moins de trois lignes pour pied, afin qu'on en pût marquer tout le détail. On en doit faire de même à chaque étage.

6. Lorsque les planchers sont en plafond, on en ponctue la figure sur le plan. On ponctue aussi la place des lits, en leur donnant la largeur qu'ils doivent avoir, sur toujours six pieds de longueur, comme il est aisé de voir par celui de la chambre, marqué *l*, sans y rien laver, non plus qu'aux plafonds, (*pl. 11. fig. 1.*)

7. A l'égard des minuties, comme fours, potagers, pierres où l'on lave la vaisselle & où l'on écure, auges, puits, latrines, & autres, on les figure dans le plan & dans la coupe, autant qu'il est possible, & en la maniere qu'elles sont marquées, (*pl. 11. fig. 1. & fig.* 4.) sans y rien laver, si ce n'est les puits & leurs auges, où l'on met de la couleur d'eau, & du noir dans la lunette des latrines.

8. Pour ce qui est de l'étage des souterreins, qui comprend les caves à vin, les cuisines & les offices, on en marquera les

voûtes, comme il fuit, *(planc. 11. fig. 3.).*

Si elles font en berceau, foit à plein ceintre ou furbaiffé, on décrira à un des bouts du berceau un demi-cercle ponctué pour celles à plein ceintre, lequel demi-cercle fera couché fur le plan du berceau, comme *E*; & fi elles font furbaiffées, on fera une ellipfe, c'eft-à-dire une anfe de panier, en terme d'ouvrier, qui aura la hauteur relative à la voûte effective, comme *F*, *(pl. 11. fig. 3.)*.

Mais fi les voûtes font d'arrêtes, on les marquera par deux diagonales fur leur plan, qui feront auffi ponctuées, comme *G*, *(pl. 11. fig. 3.)*.

Si enfin ces voûtes font en arc de cloître, on les marquera par des lignes ponctuées paralleles à leurs côtés, & on en marquera auffi les arrêtes par deux diagonales ponctuées, & deux autres croifées, felon les clefs de la voûte, comme *H*, *(pl. 11. fig. 3.)*

9. S'il y a quelque endroit dans l'emplacement des fouterreins qui foit plein ou maffif, c'eft-à-dire qui ne foit point fouterrein, on le lavera d'une couleur de terre rougeâtre, comme les foffés fecs.

10. On marque dans les écuries les mangeoires par de petites lignes noires, qui en figurent le plan, qu'on lave enfuite d'une couleur de bois: on marque auffi la féparation des chevaux par des lignes noires que

l'on efpace de quatre pieds pour les chevaux de carroffe, & de trois pieds & demi pour ceux de felle, fur environ huit pieds de longueur, compris la mangeoire, & au bas de chaque ligne de féparation on y figure le plan du poteau auquel eft attachée la perche qui fépare un cheval d'un autre, comme on peut le voir dans l'écurie marquée *k*, (*pl. 11. fig. 1.*)

11. Enfin les murs mitoyens doivent être marqués par une ligne ponctuée dans le milieu de l'épaiffeur du mur, tant dans le plan que dans le profil.

12. Lorfqu'il faudra repréfenter le plan de la couverture d'un bâtiment, pour en faire voir les noues & les arrêtiers, pour fervir à la conftruction du comble, (*pl. 11. fig. 5.*) voici comme il faudra laver ce plan.

On donnera fur les faces du côté que le jour vient, la couleur qui conviendra à la nature d'ouvrage, c'eft-à-dire un rouge jaunâtre fi la couverture eft de tuile, & pour cela on fe fervira d'une demi-teinte de vermillon, ou d'un bleu brun fi elle eft d'ardoife, obfervant de conferver toute la force de la teinte au fommet defdites faces, en la diminuant infenfiblement à rien jufqu'à leur pied.

A l'égard des faces qui ne font point du côté du jour, on les lavera d'abord avec une demi-teinte d'encre de la Chine, en conservant toute la force de cette teinte au sommet des faces, & en la diminuant insensiblement à rien jusqu'à leur pied, pour marquer l'ombre de ces faces; & quand la teinte sera entierement séche, on étendra uniment une teinte claire de la couleur qui conviendra à la nature d'ouvrage.

13. Pour ce qui est du plan d'un jardin & d'un parterre, l'on en tracera par deux lignes déliées & paralleles les bordures de buis, des platebandes & autres compartimens, & le petit espace entre ces paralleles sera lavé d'une teinte de verd vif & foncé: on lavera aussi les platebandes d'une couleur de terre d'un brun rougeâtre, en adoucissant dans le milieu, pour rendre les terres en bahut, comme elles doivent toujours être, afin aussi que le lavis ne soit point placart; ensuite on les pointille d'une demi-teinte d'encre de la Chine. (*pl. 22. fig. 1.*)

14. Les piéces de gazon des parterres seront lavées d'une teinte claire de verd en plein, que l'on pointillera d'une demi-teinte d'encre de la Chine, comme les platebandes. (*même pl. fig 1.*)

15. Les ifs, les cyprès & autres arbres seront figurés en élévation, & peints dans le goût de la miniature. (*même pl. fig. 1.*)

16. Les arbrisseaux avec leurs caisses, &

les fleurs avec leurs pots, seront aussi représentés en élévation, & peints dans le goût de la miniature, observant de donner la couleur de bois aux caisses, & aux pots un bleu clair, pour les marquer en fayence, quand même ils seroient de terre. (*pl. 12.*)

17. On représentera aussi les jets-d'eau en élévation, ainsi que les statues avec leur piédestal. (*pl. 12. fig. 2.*)

On pourra voir au sujet des jardins & des parterres ceux qui sont dans la distribution des maisons de plaisance, par M. Blondel, *cité ci-devant pag. 96.* pour en imiter le bon goût. Voilà pour ce qui regarde les plans particuliers des bâtimens civils & tout ce qui en dépend. Voyons à présent pour les plans particuliers des ouvrages de fortification.

18. Le plan des revêtemens des terrasses doit toujours être pris à la hauteur du cordon, pour en faire voir leur épaisseur au sommet, à laquelle ajoutant leur talut, on connoît celle de leur base, c'est-à-dire l'épaisseur sur la retraite; or si au-dessus de ces revêtemens il n'y a aucun mur d'élévé, le plan étant pris à leur sommet, doit être lavé d'une teinte claire de carmin, *Sect. 3. art. 2 & 4.*

Si dessus les revêtemens est élevé un simple mur percé de creneaux pour faire le coup de fusil, le plan doit être pris à la hauteur

des crenaux pour faire voir leur diftribution ; alors le mur étant coupé , doit être
par conféquent lavé d'une teinte entiere
de carmin (*Sect. 3. art. 2. & 3.*) ; & fi le
fommet du gros revêtement eft plus épais
que le mur crenelé , l'excédent de ce revêtement fera lavé d'une teinte claire de la
même couleur (*Sect. 3. art. 4*) fi l'ouvrage fubfifte ; ou en jaune fi c'eft un projet.

Mais fi le mur élevé deffus les revêtemens
n'eft qu'à hauteur d'appui , quoiqu'alors le
plan en foit pris à cette hauteur, il faudra
cependant l'imaginer coupé , afin qu'étant
lavé d'une teinte entiere , on puiffe le diftinguer de l'excédent du gros révêtement,
qui ne doit être lavé que d'une demi-teinte.

Si enfin ce petit mur foutient une terraf-
fe que l'on nomme parapet dans la fortification moderne, alors le plan de ce mur
étant pris à la hauteur du deffus du parapet,
doit être lavé d'une teinte claire de carmin ,
& le deffus du parapet d'une teinte d'un
verd brun , (*Sect. 3. art. 2. & 4.*). Mais
comme le deffus des parapets eft ordinairement en pente pour plonger le coup de fu-
fil, (*pl. 9. & 13.*) on marquera cette plongée en tenant la teinte plus forte au fommet,
& en la diminuant infenfiblement à rien vers
le plus bas de cette plongée (*Sect. 2. art. 8.*)
On en fera de même pour le talut de la
banquette de ce parapet & pour celui du

rempart, ainsi que pour le talut du glacis du chemin couvert.

19. Dans le plan qui repréfente les fondations des ouvrages de fortification, le terrein qui n'eft point occupé par les fondations, doit être lavé d'une teinte claire de couleur de terre rougeâtre, comme les foffés fecs, en épargnant les fouterreins s'il y en a, dans lefquels il ne faut rien laver, comme nous l'avons dit pour les caves, (*Sect. 3. art. 7.*)

20. Le plan du deffus d'un pont de pierre ne fe lave en aucune maniere; pour celui de fes garde-foux, il fera lavé d'une teinte claire de la couleur qui conviendra. (*Sect. 3. art. 2. & 4.*)

21. A l'égard du plancher d'un pont de bois, on le lavera d'une teinte claire de couleur de bois, (*même Sect. art. 2. & 4.*). On n'entend parler ici que pour le plan particuculier de l'un & l'autre pont, & non point pour celui d'un plan en entier.

22. Le plancher d'un radier d'éclufe & d'autres ouvrages femblables, fera auffi lavé d'une couleur de bois, fur laquelle on mettra une couleur d'eau, en adouciffant dans le milieu de la largeur, comme aux rivieres & canaux.

23. Le plan d'une riviere ou d'un canal fe lave un peu plus fort fur les bords que dans le milieu, c'eft-à-dire en diminuant infenfible-

ment à rien la couleur vers le milieu de son lit ; mais si c'est un projet, après avoir lavé le lit de la riviere ou du canal, comme nous venons de le dire, on en lavera les bords du terrein en jaune, en adoucissant du côté des terres.

SECTION XV.

Des coupes, profils, élévations & façades, tant des bâtimens civils que des ouvrages de fortification, & autres. Pl. 8. 9. 11. & 13.

PREMIEREMENT DES COUPES.

1. DANS les coupes des ouvrages & des bâtimens, tant dans l'Architecture civile que dans la militaire, les endroits privés de lumiere, comme le fond des chambres, des greniers & des caves & autres souterreins, se lavent d'une teinte unie d'encre de la Chine, (*Sect. 3. art. 8.*) laquelle doit être d'autant plus forte, que ces fonds sont plus reculés, en épargnant l'épaisseur des murs & des cloisons de charpente & de planches, ainsi que toute la charpente du comble du bâtiment, lesquelles cloisons & charpentes seront lavées selon qu'il convien-

dra à ces natures d'ouvrages (*Sect. 3. art. 2.*)
Ainsi dans la coupe d'un bâtiment, (*pl. 11.*
fig. 4.) prise sur son plan, (*fig. 1.*) selon les
lignes *AB*, *BC* & *CD*, le fond des chambres
I & *K*, ainsi que celui du grenier *L*, & celui
de la cave *P* étant plus reculé que le fond *M*
NO, (*même fig. 4.*) qui est le mur de l'allée,
jusqu'au fond de la cave qui perce le bâtiment, pour communiquer de la cour au jardin, doit être lavé d'une teinte entiere d'encre de la Chine, & le fond *MNO* d'une
demi-teinte, parce que celui-ci est moins
reculé.

2. A l'égard de la coupe des terres, elle
se lave d'une demi-teinte d'encre de la Chine en bordure le long de la ligne qui en
marque leur profil, en adoucissant vers le
bas si l'ouvrage subsiste, ou en jaune si
c'est un projet. (*pl. 13. fig. 1.*)

3. Pour ce qui regarde la coupe du pavé,
elle se lave en rouge, comme celle de la maçonnerie. (*Sect. 3. art. 3.*)

4. On marque les eaux de la coupe d'une
riviere avec de la couleur d'eau, en conservant la force de la teinte à la superficie de
l'eau, & en l'adoucissant vers le fond de la
riviere; & la coupe des terres des bords de
la riviere ou du canal se lave d'une demi-
teinte d'encre de la Chine, comme nous l'a-
vons dit dans l'article ci-dessus ; mais si la
riviere ou le canal est un projet, on la-

vera feulement la coupe de leurs bords en jaune, en adouciffant toujours vers le bas. *Voyez la fig. 4. pl. 8.*

5. La coupe des chappes de ciment fe lave d'une teinte plus forte que celle de la maçonnerie.

6. La coupe du fable, comme celui que l'on met deffus les chappes du ciment, fe doit laver d'une demi‑teinte de gomme‑gutte, qu'il faut enfuite pointiller d'une demi‑teinte d'encre de la Chine.

Des Profils.

7. Dans les profils de fortification, fi l'ouvrage fubfifte, la maçonnerie coupée, comme le revêtement *A*, (*pl. 13. fig. 1.*) fera lavée d'une teinte entiere de carmin, (*par l'art. 2. & 3. Sect. 3.*) & celle qui n'eft pas coupée, comme le contrefort *B*, (*même fig.*) doit être lavée d'une teinte claire de la même couleur ; (*par l'art. 2. & 4. de la même Sect.*) mais ce qui eft de terre, comme le rempart marqué *C*, (*même fig.*) ne fe lave que fur les bords du profil d'une demi‑teinte d'encre de la Chine, que l'on adoucit vers le dedans, comme il eft aifé de le voir par la figure ; & fi c'eft un projet, le tout fera lavé en jaune, en obfervant les mêmes dégradations de teintes. (*Sect. 3. art. 2. 3. & 4.*

Il en doit être de même des bâtimens qui

regardent la fortification, comme caſernes, corps-de-gardes, arcenaux, & autres, & les lignes de ces deſſeins doivent toujours être noires. (*même Sect. art. 1.*)

8. Mais dans l'Architecture civile la maçonnerie coupée ou rompue ne ſe lave point, & lorſque le deſſein eſt au moins ſur un pouce pour une toiſe, on la pointille avec une demi-teinte d'encre de la Chine ſi l'ouvrage ſubſiſte, ou avec une demi-teinte de carmin ſi c'eſt un projet, pour diſtinguer les endroits coupés d'avec ceux qui ne le ſont pas, comme les portes, les fenêtres, où l'on ne lave rien, non plus que dans le plan (*a*), & les lignes du deſſein feront toujours noires, ſoit que l'ouvrage ſubſiſte, ou qu'il ſoit en projet. *Sect. 3. art. 1. 2. 3. & 4.*

Des élévations & façades.

9. Pour ce qui eſt de celles qui concernent les ouvrages de fortification, elles feront lavées d'une teinte très-claire de la couleur qui conviendra, (*Sect. 3. art. 2. & 4.*) qui ſera moins forte à proportion qu'une façade ſera plus reculée à l'égard d'une autre. Ainſi ſi l'ouvrage ſubſiſte, les faces *A & B* du baſtion (*pl. 9. fig. 1.*) ſeront lavées d'une

---

(*a*) Voyez le Cours d'Architecture de D'Aviler, pl. 50. 51. 83. 84. & 85. & la Diſtribution des maiſons de plaiſance par Blondel, tom. I. pl. 7. 8. 21. 27. 36. & 44.

teinte claire de carmin, qui doit être plus
forte que celle des façades des bouts de courtines *D & F*, qui en font plus éloignées,
parce que, fuivant l'optique, plus un objet
eft près de notre vûe, plus il nous eft fenfi-
ble, enforte que la teinte des plus éloignées
ne faffe qu'éteindre la blancheur du papier,
afin qu'on ne foit point obligé de faire la façade la plus avancée auffi forte que fi c'é-
toit de la maçonnerie écorchée ; & fi c'eft un
projet, on lavera en jaune , obfervant les
mêmes dégradations de teintes.

10. Mais dans l'Architecture civile fi l'é-
difice fubfifte, fes façades feront lavées d'u-
ne teinte d'encre de la Chine, qui fera plus
forte à proportion que les façades feront plus
reculées, fuivant le même principe d'optique , enforte que la face la plus avancée
foit blanche ; car on n'entend parler ici que
des façades éclairées. Ainfi les façades des
deux terraffes marquées dans le plan , (*fig.* 1.
pl. 11.) feront blanches ; les parties de façades des deux pavillons qui paroiffent au-
deffus des terraffes, & celles du corps du bâtiment, feront lavées d'une teinte qui ne fera
qu'éteindre la blancheur du papier ; & parce
que la façade du corps de bâtiment eft encore plus reculée que celle des deux pavillons, on repaffera une feconde fois la même
teinte fur cette face du corps de bâtiment,
après toutefois que la première fera féche :

je viens de dire qu'on repaſſera une ſeconde fois la même teinte, afin d'être ſûr que la dégradation des façades ſoit proportionnée.

11. A l'égard des portes & des fenêtres, elles ſeront toujours lavées dans toutes les façades d'une teinte entiere d'encre de la Chine, obſervant d'y faire une ombre coupée à gauche, & deſſous leur couverture, (*fig.* 2. & 4. *plan.* 11. *par la ſeconde régle, Seƈt.* 11.) mais il faut que la largeur de l'ombre ſoit environ le quart de celle de la fenêtre, pour être de goût.

12. Pour ce qui eſt des couvertures, elles ſeront lavées d'une demi-teinte de la couleur qui conviendra, (*Seƈt.* 3. *art.* 2.) en conſervant la force de la teinte à leur pied, & en la diminuant inſenſiblement juſqu'au faîte; & pour y bien réuſſir, on la lavera à pluſieurs teintes foibles. Pour cet effet on étendra d'abord une teinte très - claire ſur toute la couverture, & ſi-tôt qu'elle ſera imbibée, & non ſéche, on repaſſera la même teinte ſur environ les deux tiers de la hauteur, en commençant au pied, & en adouciſſant vers le ſommet; & lorſque cette deuxiéme teinte ſera auſſi imbibée comme la premiere, on repaſſera encore la même teinte ſur environ le tiers, en commençant toujours par le pied, & en adouciſſant vers le ſommet, afin de marier ces trois teintes

dans

dans leurs adouciſſemens ; & ſi l'on trouve que la couverture ne ſoit pas aſſez haute en couleur, on paſſera encore la même teinte une fois. Alors cette couverture ſera lavée ſuivant l'optique ; qui rend les objets moins ſenſibles à meſure qu'ils s'éloignent de notre vûe ; mais comme la plûpart des Deſſinateurs font le contraire, je veux dire qu'ils lavent les couvertures plus fortement à leur ſommet qu'à leur pied, voyez l'Avertiſſement qui eſt à la fin de la Section XII. pour être convaincu de leur erreur ſur cet article.

Notez qu'il ne faut pas laver en noir la baye d'une porte d'un mur de clôture, comme je l'ai vû faire à quelques-uns, parce que le jour paſſant à travers, il ne peut pas y avoir d'ombre ; mais ſi l'on ferme cette baye de ſa porte mouvante, on la lavera d'une couleur de bois, & l'on fera une ombre coupée, comme nous l'avons dit ci-devant pour les portes & fenêtres d'une façade.

Il eſt bon de marquer ſur l'épaiſſeur des murs la place des poutres des planchers ; cette place doit être blanche, ſans y rien laver.

AVERTISSEMENT.

Quoique je n'aye pas prétendu enſeigner dans ce Traité la diſtribution des bâtimens, ni aucune conſtruction, mais bien la maniere de deſſiner & de laver toutes ſortes

H

d'ouvrages, j'ai cependant compofé celle du bâtiment de la planche 11 , où j'ai mis tout ce qui peut fe trouver dans la diftribution des bâtimens, pour faire voir de quelle maniere l'on doit en laver & exprimer en petit les minuties, & j'ai fuppofé qu'on ne pouvoit pas prendre des jours par les côtés du bâtiment, foit qu'il ne fût pas ifolé ou qu'il ne fût pas permis d'en prendre, pour faire voir qu'on peut éclairer certaines piéces autant qu'il eſt poffible par une ouverture dans le toît, ce qui forme une petite cour ; mais cette ouverture doit toujours être dans une croupe, & jamais dans une face où cela ne feroit pas propre.

Explication des lettres de la Planche 11.

La premiere figure eſt le plan d'une maifon , fur les côtés de laquelle on fuppofe que l'on ne peut pas prendre des jours , foit qu'il ne foit pas permis d'en prendre , ou qu'elle foit refferrée entre d'autres maifons ; voici les parties de cette figure avec leurs dimenfions.

a. Paffage qui perce le bâtiment de la cour au jardin , de 6 pieds de largeur.

b. Salle de 15 pieds de largeur fur 20 de profondeur.

c. Office de 10 pieds en quarré.

d. Garde - manger de pareille grandeur , éclairé par une fenêtre au-deffus de la porte qui communique à la petite cour au four.

e. Cour du four de 10 pieds sur $9\frac{1}{4}$, laquelle prend jour par une ouverture de même grandeur dans la croupe du toît.

f. Cabinet de 10 pieds sur 9 pieds $\frac{1}{4}$, où
doit coucher la Cuisiniere.

g. Cuisine de 15 pieds de largeur sur 20 de
profondeur.

h. Décharge de la cuisine, de 10 pieds sur
14, où l'on pourra faire la lessive.

i. Cabinet au linge sale, de 7 pieds sur 10.

k. Ecurie de 9 pieds $\frac{1}{2}$ sur 20 de profondeur.

l. Chambre de parade à coucher, de 15
pieds de largeur sur 20 de profondeur.

m. Cabinet de toilette, de 10 pieds en
quarré.

n. Garde-robe, pareille grandeur.

o. Petite cour aux latrines de 10 pieds sur
$9\frac{1}{4}$, laquelle prend jour par une ouverture de
pareille grandeur dans la croupe du toît.

p. Escalier de 9 pieds $\frac{1}{4}$ sur 15 pieds.

q. Salon à manger, de 9 pieds $\frac{1}{4}$ sur 15
pieds, avec cheminée.

r. Anti-cabinet, de 9 pieds $\frac{1}{4}$ sur 10.

s. Cabinet de 10 pieds sur 14 pieds de
profondeur, avec cheminée.

t. Retranchement de 7 pieds sur 10, pour
serrer les livres & papiers de conséquence.

u. Bucher de 9 pieds $\frac{1}{2}$ sur 20.

La deuxiéme figure représente la face du

corps de logis, & celle des deux pavillons &
des deux terrasses.

La troisiéme figure est le plan des caves
ou souterreins, dont voici l'explication des
lettres.

E. Voûte à plein ceintre en berceau.

F. Voûte surbaissée, ou en anse de panier,
pour parler vulgairement.

G. Voûte d'arrête.

H. Voûte gothique, ou en arc de cloître.

La quatriéme figure fait voir la coupe du
corps de logis & la façade d'une des aîles
du bâtiment, prises sur les lignes *AB* &
C D, dont voici l'explication.

M & P. Cave de 8 pieds de hauteur sous
clef.

I. Chambre de rez-de-chaussée de 11 pieds
$\frac{1}{2}$ de hauteur.

K. Chambre du premier étage, de même
hauteur.

L. Grenier de 7 pieds de hauteur sous
l'entrait.

M N O. Façade d'un des deux murs de
l'allée, ou passage sur la moitié de sa longueur.

Enfin la cinquiéme figure est le plan de
la couverture & celui des terrasses, vû à vûe
d'oiseau, dont voici l'explication des lettres.

Q. Ouverture dans la croupe, pour donner jour à la petite cour des latrines.

R. Autre pareille ouverture dans la croupe, pour donner jour à la petite cour du four, & de la fraîcheur au garde-manger.

S. Pan de couverture.

Nota 1°. Que le four a sa bouche sous la hotte de la cheminée de la cuisine.

2°. Que les fourneaux ou potagers sont dans l'embrasure de la fenêtre de la cuisine, qui est proche du cabinet où couche la Cuisiniere.

3°. Le puits & son auge sont l'un & l'autre entre la fenêtre du cabinet au linge sale, & celle de l'écurie.

Et enfin les latrines qui sont dans la petite cour *o*, sont séparées, l'une pour les Maîtres & l'autre pour les domestiques, & leur fosse qui est plus basse que les caves, est de la même grandeur que leur cour.

TROISIÉME PARTIE.

SECTION I.

Des parties du Plan en entier, & gé-néralement de tout ce qui y est compris, ainsi que du paysage qui l'environne. Dans quel goût & dans quel détail on doit exprimer le tout. Planches 14. & 15.

AVERTISSEMENT.

ON a mis cette Section par ordre al-phabétique, afin de trouver avec plus de facilité les choses dont on a besoin.

Arsenal. Dans les places dont l'échelle est d'un pouce ou d'un pouce & demi pour cent toises, on en dessinera & lavera au carmin les masses des bâtimens, observant de laisser en blanc tout ce qui sera cour, au-tant qu'il sera possible, comme *a. pl.* 14.

Mais lorsque l'échelle sera d'une ligne pour trois toises au plus, on pourra fort bien distinguer l'arsenal des autres bâtimens, ou en marquant les forges par de petits soufflets, & les moulins à bras & à cheval par des

petites roues, que l'on deffinera l'une &
l'autre à l'encre de la Chine, obfervant
de les placer dans la partie de bâtimens
qui leur convient, qui eft toujours la plus
éloignée du logement des Officiers d'artillerie & de la falle d'armes. On diftinguera
auffi ce qui fera hangar. Et enfin on repréfentera, fi l'on veut, en plan, le comble
de la falle d'armes, en marquant les arrêtes
& les noues de la couverture, (comme *A*,
pl. 1 5.) & l'on deffinera & lavera le tout,
comme il eft dit *art.* 2. *Sect.* 3. *2e. partie.*

Bac. On l'exprimera par une petite ligne
noire que l'on fera traverfer la riviere, en
lui donnant une courbure du côté du courant de l'eau, & en marquant un pieu à
chaque bout. Cette ligne courbe marque la
corde qui conduit le bac. *pl.* 1 4.

Banquette. Il n'eft pas néceffaire de la
marquer, à moins que l'échelle du plan ne
foit au moins d'une ligne pour trois toifes,
alors on l'exprimera par une ligne noire très-
déliée, qui marquera tout enfemble fon talut,
ne pouvant point entrer dans un plus grand
détail, à moins que l'échelle ne foit d'une
ligne pour toife.

Batardeau. Dans les plans dont l'échelle eft
d'un pouce ou d'un pouce & demi pour cent
toifes, on l'exprimera par deux lignes déliées & paralleles, qui feront rouges fi le
batardeau eft de maçonnerie, & noires s'il

n'eſt que de terre ; obſervant de mettre dans le milieu de la longueur du premier un petit zero, pour marquer la petite tourelle appellée *Dame*, comme à celui qui eſt à l'angle flanqué du baſtion 4. (*pl.* 14.) dont l'uſage eſt d'empêcher qu'on ne ſe gliſſe d'un bout du batardeau à l'autre ; & on lavera entre les deux paralleles & dans la dame, de la couleur qui conviendra, *par l'art.* 2. *Sect.* 3. 2ᵉ. *partie.* On ne marquera point les taluts ni de l'un ni de l'autre, n'étant pas ſenſibles, ſelon cette échelle, comme il eſt aiſé de le voir par celui qui eſt à l'angle flanqué du baſtion 2. *pl.* 14.

Mais lorſque l'échelle ſera d'une ligne pour trois toiſes au plus, on marquera ceux de maçonnerie par trois lignes au carmin, dont celle du milieu ſera très-déliée, obſervant de ne point paſſer celle-ci par-deſſus la dame, & on les lavera en rouge clair. *Voyez celui qui eſt à l'angle flanqué du baſtion* 4. *pl.* 15. A l'égard de ceux de terre, on marquera leur talut & on les lavera comme les parapets. *Voyez celui qui eſt à l'angle flanqué du baſtion* 2. *pl.* 15.

Bâtiment particulier. Dans les plans dont l'échelle eſt d'un pouce ou d'un pouce & demi pour cent toiſes, on en deſſinera le contour au carmin, & on le lavera d'une demi-teinte, excepté ce qui ſera cour & jardin, autant qu'il ſera poſſible, comme celui marqué *b*, (*planche* 14.) finon on en lavera l'emplacement tout uni, en adouciffant dans le milieu, ne diftinguant ni cour ni jardin, comme les deux ifles *c* & *d*, ou fans adouciffement, comme celles marquées *e*.

Mais lorfque l'échelle fera d'une ligne pour trois toifes au plus, on en pourra repréfenter, fi l'on veut, le plan de la couverture, en en marquant les arrêtes & les noues, & en la lavant de la couleur qui conviendra, par *l'art.* 2. *Sect.* 3. *feconde partie. Voyez le bâtiment B. pl.* 15.

Batterie à barbette. Dans les plans dont l'échelle eft d'un pouce ou d'un pouce & demi pour cent toifes, on marquera feulement fon emplacement par des lignes déliées, qui feront rouges fi fon revêtement eft de maçonnerie, ou noires s'il eft de gazon, fans marquer les madriers de la plateforme; mais l'on marquera fes petites rampes par où l'on monte le canon, obfervant d'en mettre deux lorfque le baftion eft vuide, comme à celle qui eft à l'angle flanqué du baftion 2. (*pl.* 14.), & une feulement lorfqu'il eft plein, comme à celle du baftion 4. *même planche.*

Mais lorfque l'échelle fera d'une ligne pour trois toifes au plus, on marquera les taluts de fon revêtement quand il ne fera que de gazon; on marquera auffi les madriers de la plate-forme, qu'on lavera d'u-ne couleur de bois claire, comme l'on peut voir aux angles flanqués des baſtions 2 & 4. *pl.* 15.

Batteries avec embraſures. Il n'eſt guères poſſible de les marquer, à moins que l'é-chelle ne ſoit d'une ligne au moins pour trois toiſes, encore cela n'eſt pas abſolument né-ceſſaire.

Berme. Il n'eſt pas néceſſaire auſſi de la marquer, à moins que l'échelle du plan ne ſoit au moins d'une ligne pour trois toiſes, alors on l'exprimera par une ligne noire dé-liée, bien nourrie; mais il faut toujours les marquer aux ouvrages à demi-revêtemens, afin de les diſtinguer des revêtemens en-tiers. *Voyez les demi-lunes* 1. 3. & 5. *planc.* 14 & 15.

Bois, ou Forêt. Le goût en doit être ex-péditif; car il arrive ſouvent qu'il y en a beaucoup à faire dans l'accompagnement d'un plan & dans les cartes; il faut donc ſui-vre le goût qui expédie le plus, pourvû qu'il ſoit paſſable, & ſuivi des bons Deſſinateurs; celui que nous allons enſeigner eſt ſuivi de pluſieurs.

Je figure premierement les arbres par quatre ou cinq petits traits de plume chacun, à l'encre de la Chine, obſervant d'en mettre par intervalle deux ou trois enſemble, & quelquefois davantage, ſans les ranger trop

régulierement, ni les faire trop égaux , y
mêlant aussi de petites broussailles par intervalle , en les semant plus clair les uns &
les autres en des endroits qu'en d'autres ;
ensuite je donne ma teinte claire de verd
sur toute l'étendue du bois , & quand cette
teinte est bien séche , je donne un petit coup
de verd foncé sur chaque arbre , du côté
de l'ombre , pour le rendre de relief , le
tout dans le goût marqué dans la *pl.* 14.

Boulangerie. Lorsqu'elle est sous terre ,
comme dessous un bastion plein , ou sous le
rempart d'une courtine , on en marque la
figure par des lignes ponctuées en rouge ,
suivant l'art. 7. *Sect.* 2. *seconde partie* ; &
quand elle est hors de terre , on en dessine
le bâtiment tel qu'il est , que l'on détaille
selon que la grandeur de l'échelle le permet , & on le lave comme les autres bâtimens.

Canal. S'il est revêtu de maçonnerie , les
lignes qui marqueront son revêtement seront en rouge ; mais s'il n'est pas revêtu , les
lignes seront noires , & on lavera son lit avec
la couleur d'eau , comme les rivieres ; & s'il
est en projet , on lavera ses bords en jaune ,
en adoucissant du côté des terres. *Voyez
planche* 14.

Caponiere. Dans les plans dont l'échelle
est d'un pouce ou d'un pouce & demi pour
cent toises , on en marquera le parapet par

une ligne seulement, comme à celle qui est
à la gorge de la demi-lune 1, (*pl.* 14 *&* 15.)
laquelle traverse le fossé, observant de laisser un passage du côté de la contrescarpe,
pour communiquer dans le fossé & dans les
autres ouvrages, & on lavera son glacis comme celui des chemins couverts, puisqu'il est
fait de même.

Mais lorsque l'échelle est d'une ligne pour
trois toises au plus, il faut y marquer la banquette, ainsi qu'aux autres ouvrages, comme
on peut le voir à celle qui est à la gorge de
la demi-lune 1. *pl.* 15.

Cavalier. Il ne sera point nécessaire d'y
marquer les embrasures des batteries, ni les
taluts de son revètement, si ce n'est lorsque
le plan sera sur l'échelle d'une ligne pour
trois toises au plus ; ce qui n'est point absolument nécessaire ; au reste son parapet sera
lavé d'une teinte entiere d'encre de la Chine, comme celui des autres ouvrages.

Casernes. ⎫
Chapelle. ⎬ Voyez *Bâtiment particulier.*

Chaussée. On la dessinera à l'encre de la
Chine, & l'on y marquera ses taluts, pourvû que l'échelle du plan ne soit pas moindre que d'un pouce pour cent toises ; & on
lavera d'une demi-teinte d'encre de la Chine
l'un de ses taluts, qui sera du côté de l'ombre. On marquera aussi les ponts aux endroits où il y en aura, observant de faire

ceux de pierre en rouge, & ceux de bois à l'encre de la Chine, en marquant à ceux-ci les madriers de leur plancher, autant qu'il sera possible, le tout dans le goût de la chauffée qui traverse le marais, *pl.* 14.

Chemins. On les marquera par deux lignes déliées & tendres à l'encre de la Chine, tracées négligemment, & non ferme, observant de mettre des haies où il y en aura, par de petites broussailles, dans le goût de celles du paysage ; (*pl.* 14.) sans y rien laver.

Je ne puis passer sous silence le mauvais goût de quelques dessinateurs au sujet des chemins, les uns les marquant par deux lignes paralleles, & donnant d'un côté une ombre coupée, ce qui les éleve comme une chauffée, pendant qu'ils sont le plus souvent creux ; les autres enfin les lavent dedans d'une couleur de terre rougeâtre ; mais ces goûts ne valent rien, & ne sont point naturels : à l'égard de ceux qui sont ponctués, tout autre que celui qui a fait le plan est en droit de les prendre pour des aqueducs ou des chemins souterreins, comme il y en a sous l'Observatoire de Paris.

Chemin couvert. La ligne qui en marque le parapet doit être un peu moins grosse que celle du trait magistral de la place ; au surplus on ne lave point leur terre-plein, mais seulement leur glacis, avec une demi-teinte d'encre de la Chine, en adoucissant insenfiblement à rien vers leur pied.

Chemin des Rondes. On n'y lave rien non plus.

Cimetiere. On les marque ordinairement par de petites croix rouges ou noires, pour marquer les unes de pierre, & les autres de bois.

Contrefcarpe. Voyez *Revêtement.*

Communication. Celles qui font pour communiquer à quelque redoute ou lunette qui font au pied du glacis du chemin couvert, s'expriment dans les plans dont l'échelle eft d'un pouce ou d'un pouce & demi pour cent toifes au plus, par deux lignes noires feulement, fans entrer dans un plus grand détail, comme il eft aifé de voir par celles qui communiquent du chemin couvert aux lunettes 6. & 7. *pl.* 14.

Mais lorfque l'échelle fera d'une ligne pour trois toifes au plus, il fera bon de marquer les traverfes que l'on y fait pour empê-cher l'enfilade ; & les deux lignes qui marquent la communication feront en crochet comme les chemins couverts. *Voyez celles des lunettes* 6. *&* 7. *pl.* 15.

Corps-de-garde. Dans les plans dont l'é-chelle eft d'un pouce ou d'un pouce & demi pour cent toifes, on le marquera par un pe-tit rectangle deffiné & lavé au carmin. *Voyez celui de la demi-lune* 3. *pl.* 14.

Mais lorsque l'échelle sera d'une ligne pour trois toises au plus, on pourra fort bien exprimer sa galerie qui sert à mettre les armes à couvert pendant le jour. *Voyez celui de la demi-lune 3. pl. 15.*

Digues. Celles qui sont de maçonnerie seront dessinées & lavées au carmin, observant de faire le trait du côté de l'eau plus gros que l'autre, qui doit être délié ; & celles qui ne sont que de terre seront dessinées & lavées à l'encre de la Chine ; mais celles qui ne soutiennent l'eau qu'à une certaine hauteur, servant de déchargeoir au canal dont elles soutiennent les eaux, sont toujours de maçonnerie, & pavées dessus, lequel pavé est entretenu par une charpente, que l'on exprime comme celle qui soutient l'eau du canal qui passe dans la redoute 8. *pl.* 14.

Echelle. Le goût le plus simple est le plus propre pour les échelles des desseins. *Voyez celles de la pl.* 4.

Eglise. Voyez *Bâtiment particulier.* Au surplus mettez une petite croix dans l'endroit du maître-autel.

Embrasures. Il n'est point absolument nécessaire de les marquer, à moins que l'échelle du plan ne soit d'une ligne pour trois toises au plus, parce qu'elles ne sont pas sensibles lorsque l'échelle est plus petite.

Escalier. Il n'est point nécessaire non plus

de marquer les efcaliers que l'on fait aux angles rentrans de la contrefcarpe pour monter
fur le chemin couvert, ainfi que ceux qui font
aux gorges des ouvrages détachés pour monter de même ; à moins que l'échelle ne foit
auffi d'une ligne pour trois toifes au plus.
Voyez la pl. 1 5.

Efcarpe. Voyez *Revêtement.*

Éclufe. Lorfque l'échelle du plan eft plus
petite qu'un pouce pour trente-fix toifes, on
en marque les bajoyers & les piles par une
ligne feulement au carmin, de la groffeur
de celle des revêtemens des ouvrages, obfervant de faire les piles pointues aux deux
bouts, pour en exprimer les avants & arrieres-becs. *Voyez l'éclufe qui eft à l'angle
faillant du chemin couvert du baftion* 4 *planche* 1 4.

Mais lorfque l'échelle du plan fera d'une
ligne pour trois toifes au plus, c'eft-à-dire
d'un pouce pour trente-fix toifes, on marquera l'épaiffeur des bajoyers & des piles de
l'éclufe par deux lignes déliées au carmin,
entre lefquelles on lavera d'une teinte entiere
de la même couleur. *Voyez celle qui eft à
l'angle faillant du chemin couvert, vis-à-vis
l'angle flanqué du baftion* 4. *pl.* 1 5.

Étang. On en marquera les bords & la
chauffée qui en foutient les eaux, à l'encre
de la Chine, obfervant de marquer auffi les
taluts de cette chauffée ; & fi elle eft revêtue

du

du côté de l'eau, comme il arrive quelquefois, soit que ce revêtement soit à pierre
féche ou avec mortier, on l'exprimera comme les autres revêtemens, par une ligne
rouge, & l'on marquera l'endroit de la
vanne par deux lignes ponctuées en travers de la chauffée fur toute fa largeur;
on obfervera auffi de faire par intervalle
dans l'étang & fur fes bords quelques joncs
& rofeaux, le tout irrégulierement, & on
en lavera l'étendue avec la couleur d'eau,
en adouciffant dans le milieu. *Voyez celui*
de la pl. 14.

Fléche. Pour marquer & connoître le courant de l'eau des rivieres & des ruiffeaux,
on met une petite fléche dans leur lit, ou
à côté de leur bord, lorfque ce lit n'a pas
affez de largeur pour pouvoir l'y placer, laquelle fléche l'on deffine affez petite à l'encre de la Chine & dans le goût le plus fimple. *Voyez celle qui marque le cours de la ri-*
viere, pl. 14. & 15. Le petit dard eft le bout
de la fléche qu'on doit entendre marcher le
premier avec l'eau.

Fontaine. Si le baffin de fa fource eft de
maçonnerie, on en deffinera le plan au carmin, & on l'emplira de couleur d'eau.

Foffés. S'ils font pleins d'eau, on les lavera avec la couleur d'eau, en adouciffant la
teinte vers le milieu, & en en confervant la
force fur les bords, autant qu'il fera poffible;

& fi les foſſés ſont ſecs, on les lavera d'une couleur de terre rougeâtre.

Fraiſes. On ne les marque point dans un plan en entier: on peut dire en paſſant qu'elles ne ſont pas plus utiles que la cinquiéme roue à un chariot, ſur tout lorſque la piéce eſt bien paliſſadée au pied & ſur ſa berme; elles ne lui ſervent donc tout au plus que d'ornement.

Glacis. On les lave avec une demi-teinte d'encre de la Chine, en en conſervant la force au ſommet, & en l'affoibliſſant inſenſiblement à rien vers leur pied. On obſervera de ne pas laver toutes les faces, mais une ſeulement alternativement.

Guérite. On ne les marque point dans un plan en entier, ſi ce n'eſt leur paſſage, lorſque l'échelle du plan eſt d'un pouce pour trente-ſix toiſes au plus; mais cela eſt aſſez inutile.

Halle. Dans les plans dont l'échelle n'eſt que d'un pouce ou d'un pouce & demi pour cent toiſes, il ſuffira de laver ſon emplacement d'une demi-teinte de carmin, comme les autres iſles des bâtimens.

Mais lorſque l'échelle du plan ſera d'un pouce pour trente-ſix toiſes au plus, on en marquera les piliers, que l'on deſſinera & lavera au carmin. *Voyez celle marquée C. pl.* 15.

Hôpital. Voyez *Bâtiment particulier.*

Hauteur. On les deffinera à la plume, ou fimplément avec le pinceau à l'encre de la Chine. *Notez* qu'il n'eft pas aifé d'y réuffir de bon goût, fur tout à la plume, parce qu'il eft plus difficile de les repréfenter en plan, comme l'on doit toujours faire, qu'en perf-pective. *Voyez Montagne.*

Haies. On les exprimera par de petites brouffailles, à l'encre de la Chine, par deffus lefquelles on donnera un petit coup de pinceau avec du verd.

Jardins. On les deffinera avec une demi-teinte d'encre de la Chine, dans le goût qu'on les voit, (*planche* 14.) & l'on don-nera quelques petits coups de pinceau avec du verd dans des endroits, & du jaune dans d'autres; le tout irrégulierement & très-lé-gerement.

Notez que les Jardins qui font dans la *pl.* 14. font fermés par de petits foffés ou ca-naux que la riviere remplit d'eau.

Ifles des maifons bourgeoifes. On en deffi-nera le contour au carmin, obfervant de faire les lignes du côté du jour déliées, & celles du côté de l'ombre plus groffes, com-me nous l'avons expliqué *dans la feconde partie, fection* 2. fur-tout dans les plans où les rues font un peu régulieres; car lorf-qu'elles font trop irrégulieres, il eft plus à propos de faire toutes les lignes déliées; en-fuite on lavera l'étendue de chaque ifle

d'une demi-teinte de carmin, en l'affoibliſſant dans le milieu, comme celle qui eſt
marquée *d* (*pl.* 14.) & *D* (*pl.* 15.) ; ou ſi
l'on aime mieux, on les lavera uniment
avec une teinte claire, comme celles marquées *e*, (*pl.* 14.) & *E*, (*pl.* 15.) Voilà les
deux goûts les plus ſuivis, on choiſira celui
qui plaira : cependant il eſt bon de dire que
le dernier goût ne convient guères que
pour les plans dont l'échelle n'eſt que d'un
pouce ou d'un pouce & demi pour cent
toiſes.

Iſle de riviere. On les deſſinera à l'encre
de la Chine, & on en lavera l'étendue d'une
teinte claire de verd, que l'on affoiblira
dans le milieu en adouciſſant, obſervant de
conſerver la force de la teinte ſur les bords,
lorſque le terrein ſera aſſez grand pour pouvoir le faire, ſinon on les lavera tout uniment ; enſuite on fera de petites brouſſail-
les dans ces iſles ; on y donnera auſſi un petit coup de verd avec le pinceau, dans le
ſens horizontal ; on en fera de même avec
du jaune, le tout légerement, par intervalles & irrégulierement.

Ligne magiſtrale. Voyez *Revêtement.*

Magaſin à poudre. Dans les plans dont
l'échelle n'eſt que d'un pouce ou d'un pouce
& demi par cent toiſes, on en marquera les
murs de la cage par une ligne rouge ſeulement, égale à celle du revêtement des ou-

vrages, sans en marquer les contreforts, ensuite on les lavera d'une teinte claire de carmin. A l'égard du mur de clôture qui est autour du magasin, on le marquera par une
ligne rouge déliée ; & s'il n'y a que des palissades au lieu de mur, on les exprimera
par des points noirs. *Voyez celui qui est dans
le bastion 2. pl. 14.*

Mais lorsque l'échelle du plan sera d'un
pouce pour trente-six toises au plus, il sera
beaucoup mieux de marquer l'épaisseur du
mur de la cage du magasin & de ses contreforts, par deux lignes déliées au carmin,
entre lesquels on lavera de la même couleur, & on exprimera la voute par deux lignes ponctuées d'angle en angle de la figure,
sans y rien laver ; au surplus on observera
de marquer la porte du magasin, aussi-bien
que celle du mur de clôture dont il est iso-
lé ; & si au lieu de ce mur il n'y avoit que
des palissades, on les exprimeroit par de petits zeros. *Voyez le magasin à poudre qui est
dans le bastion 2. pl. 15.*

Marais. On les exprimera par des ondes
de couleur d'eau, que l'on tracera à la plume
avec l'encre de la Chine ; ensuite on lavera
entre ces ondes d'une teinte de verd égale à
celle des prairies, sur laquelle on fera des
herbages en maniere de roseaux, le tout
dans le goût de celui qui est dans la *planche* 14.

Montagne. Les uns les deſſinent à la plume, enſuite lavent par-deſſus les coups de plume avec une demi-teinte d'encre de la Chine, en donnant la teinte plus forte du côté de l'ombre ; mais ce goût a un air ſale & ridicule : ainſi je n'ai jamais trouvé que la plume fît bien avec le lavis. Si l'on dit que le lavis ſert pour donner l'ombre plus forte dans des endroits que dans d'autres, je répondrai que cela ſe doit faire par des hachures plus fortes, ſans quoi la plume n'a rien de beau ; il faut donc ou tout un, ou tout autre. Les autres font les montagnes entierement au pinceau, avec l'encre de la Chine, cette maniere eſt plus aiſée à attraper de bon goût, que celle à la plume, elle convient mieux auſſi lorſqu'il s'agit de faire des terres labourées, des vignes, des bois & autres payſages ſur ces hauteurs, parce qu'ils s'y trouvent moins brouillés que parmi des hachures à la plume ; mais il ſera encore bien de meilleur goût de faire les montagnes & les collines d'une couleur de terre rougeâtre, que l'on rembrunira du côté de l'ombre ; c'eſt le goût que je préfére à tous les autres.

Paliſſades. On ne les marque point dans les plans en entier, non plus que les *fraiſes.*

Parapet. Dans les plans en entier, on le lavera d'une teinte entiere d'encre de la

Chine, le plus uniment que l'on pourra.

Parterre. On en deſſinera la broderie à la plume, avec une demi-teinte d'encre de la Chine, ou avec une forte teinte de verd, & l'on en mettra une aſſez claire dans le fond. *Voyez celui du bâtiment marqué B, dans la pl. 15.*

Paſſage de guérite. On ne peut guères le marquer que dans les plans dont l'échelle eſt d'une ligne pour toiſe.

Pont de bois. On le deſſine à l'encre de la Chine, dans le goût de ceux qui traverſent le foſſé de la place & celui de la demi-lune, (*pl.* 14. & 15.) mais il ne faut pas que l'encre ſoit trop noire; la teinte pour laver les parapets ſera ſuffiſamment noire pour ces ſortes d'ouvrages; & pour diſtinguer le pont-levis du pont dormant, on y fait deux diagonales. *Voyez les mêmes planches.* Au ſurplus on n'y lave rien.

Pont de pierre. On les exprimera par deux lignes rouges paralleles, & l'on en marquera les avants & arrieres-becs, autant qu'il ſera poſſible. On n'y lave rien non plus.

Porte d'entrée d'une place. Dans les plans dont l'échelle eſt d'un pouce ou environ d'un pouce & demi pour cent toiſes, on en marquera le paſſage par deux lignes rouges; & s'il y a un corps-de-garde de chaque côté du paſſage dans le talut du rempart, comme à Sarrelouis, à Longwy & autres places neuves, on les marquera aussi en rouge, & on les lavera d'une demi-teinte de la même couleur. *Voyez ceux de la porte, entre 2. & 4. pl. 14.*

Mais lorsque l'échelle du plan sera d'un pouce pour trente-six toises au plus, il sera mieux de représenter les bâtimens qui sont au-dessus de la porte & des corps-de-gardes, par le plan de leur couverture, comme on peut le voir à la porte entre 2. & 4. *pl. 15.*

Poterne. On l'exprimera par deux lignes ponctuées traversant le rempart, pour marquer leur passage souterrein, observant de marquer aussi son entrée par des lignes qui ne soient pas ponctuées. *Voyez celles qui sont dans le milieu des courtines, vis-à-vis les demi-lunes 1. & 5. pl. 14. & 15.*

Prairie. On en marquera la pointe de l'herbe par de petites vétilles, avec une teinte d'encre de la Chine qui ne soit pas plus forte que celle avec laquelle on lave les parapets des ouvrages; ensuite on passera une teinte claire de verd : mais il faut que le goût en soit léger, comme il paroît *par la pl. 14.*

Puits. On en dessinera le contour au carmin, que l'on emplira de couleur d'eau.

Ravines. On les dessinera à la plume ou au pinceau, en observant de faire le trait fort du côté du jour, & l'autre délié du côté de l'ombre, *par la seconde régle, Section* 11. *de la seconde partie;* on donnera auffi une petite ombre avec le pinceau contre le gros trait. *Voyez pl.* 14.

Redoute. On la deffinera par un petit quarré au carmin, qu'on emplira d'une demi-teinte de la même couleur.

Redoute de terre. On la deffinera à l'encre de la Chine telle qu'elle fera, & on lavera fon parapet & fon foffé comme les autres ouvrages.

Rempart. Anciennement on lavoit les remparts d'une demi-teinte d'encre de la Chine; mais à préfent on ne les lave plus.

Rampes. Il n'eft point néceffaire de les marquer, à moins que l'échelle ne foit d'un pouce pour trente-fix toifes au plus. *Voyez celles du talut du rempart à côté de la porte d'entrée de la place, & celles du rempart des demi-lunes* 3. & 5. *pl.* 15.

Revêtement. Lorfqu'il eft de maçonnerie, on le marque par une ligne rouge bien nourrie, qui doit être plus groffe que celle qui marque les gorges & les contrefcarpes des ouvrages; & lorfque ce revêtement n'eft que de gazon, la ligne qui le marque doit être noire.

Notez que le demi-revêtement des ouvrages fe diftingue par un petit efpace blanc, qui eft une berme qu'on laiffe entre ce demi-revêtement & le pied du talut extérieur de la partie du revêtement qui eſt de gazon. *Voyez les demi-lunes* 1. 3. & 5. *plan-ches* 14. & 15.

Rideau. Voyez *Hauteur & Montagne.*

Riviere. On renfermera ſon lit par deux lignes noires, dont celle du côté du jour ſe-ra plus groſſe, & l'autre aſſez déliée, *par la ſeconde régle, Section* 11. *de la ſeconde partie;* enſuite on lavera ſon lit avec la couleur d'eau, en conſervant la force de la teinte ſur les bords, & en l'adouciſſant dans le milieu du lit, pourvû que la riviere ſe trouve d'une largeur à pouvoir le faire; car il faut que ce lit ait au moins deux lignes de pied de Roi, pour pouvoir ménager la force de la teinte ſur les bords & l'affoiblir dans le milieu, ſi-non on le lavera tout uni.

Ruiſſeau. On le renfermera auſſi de deux lignes noires, ſi l'échelle du plan le permet, ſinon on ne fera qu'un trait, contre lequel on mettra un petit fil de couleur d'eau du côté de l'ombre. *Voyez les deux ruiſſeaux qui paſ-ſent dans le marais, pl.* 14.

Sentier. On l'exprimera par une ſeule li-gne déliée à l'encre de la Chine, qui ne ſoit ni ferme ni trop noire, au contraire aſſez pâle; pour cet effet on ſe ſervira d'une demi-teinte, obſervant de faire quelques petits bouts de haie par intervalle, pour lui donner du goût. *Voyez la pl.* 14.

Souterrein. Voyez *l'art.* 7. *Section* 2. *de*

la seconde partie. Voyez auſſi le ſouterrein du baſtion 4. *pl.* 14. & 15.

Talut. Il n'eſt pas néceſſaire de le marquer, à moins que l'échelle du plan ne ſoit d'une ligne pour trois toiſes au plus, alors on le marquera par une ligne noire très-déliée & bien nourrie.

Terres labourées & labourables. Comme il y en a ſouvent beaucoup à faire dans l'accompagnement d'un plan, on doit rechercher, comme pour les bois, un goût qui ſoit expéditif, pourvû qu'il ſoit paſſable & ſuivi de pluſieurs. Voici la façon dont je les fais; mais auparavant il eſt bon de dire qu'il y a trois choſes à obſerver dans la maniere de faire les terres labourées, pour éviter le mauvais goût dans lequel pluſieurs Deſſinateurs tombent. *La premiere*, de ne point ſillonner toutes les piéces de terre dans un même ſens, & de prendre garde, en voulant éviter ce défaut, de tomber dans un autre plus grand, en les faiſant alternativement dans un ſens contraire, ce qui feroit le panier d'oſier.

La ſeconde, d'éviter que celles qui ſont voiſines & contiguës ſoient toujours de même figure & de même grandeur, ſi ce n'eſt très rarement & par intervalle.

Et *la troiſiéme*, de ne point arranger les piéces de terre d'une maniere trop affectée, ce qui eſt une ſuite de la premiere choſe à obſerver.

Je ne parlerai point d'une maniere de faire les terres labourées & de les arranger, qui eſt des plus ridicules ; parce que je n'en ai vû de cette façon que dans un plan de Charleroi qui eſt gravé. Toutes les piéces de terre y ſont preſque quarrées & à peu près de la même grandeur, & bordées tout autour régulierement de petits zeros, pour marquer apparemment des arbres ou des buiſſons. Il y a auſſi une prairie qui eſt encore d'un très mauvais goût ; ainſi le Graveur a fort bien fait de ne pas mettre ſon nom. Il n'eſt point marqué auſſi où ſe vend ce plan ; ce n'eſt pourtant pas manque de place, puiſqu'il y a trois cartouches dans leſquels il n'y a rien d'écrit. Il y a encore dans un des coins de l'eſtampe la carte des environs de la place, ſur une petite échelle qui eſt en récompenſe d'un aſſez bon goût, & c'eſt ce qu'il y a de mieux.

Je fais donc d'abord les ſillons ou rayons des terres labourées avec le crayon noir, par des traits fermes & paralleles entr'eux, eſpacés les uns des autres d'environ une ligne de pied de Roi, obſervant de leur donner ſur les côteaux une courbure qui ſuive à peu près la convexité du terrein, & de faire le contraire au pied des côteaux, qui eſt la même courbure dans le sens contraire. Et parce que dans la campagne il y a toujours pendant l'été des terres labourées qui sont en herbe, c'est-à-dire en bled verd, d'autres dont les épis sont prêts à sécher, d'autres piéces de terre qu'on laboure pour se reposer pendant l'année, & d'autres enfin qui sont en friche, ce qui fait dans la campagne une variété de couleurs qu'il est bon d'imiter autant qu'il est possible ; d'autant plus qu'il est mieux pour enjoliver le plan, d'en représenter le paysage dans sa plus belle saison. Pour cet effet, après avoir tracé au crayon les piéces de terre, comme nous l'avons dit ci-dessus, on donnera sur chaque trait un petit coup de lavis avec le pinceau, de la couleur qui conviendra à chaque piéce de terre, pour imiter, autant qu'on le pourra, le naturel ; mais il faut que ce coup de lavis soit léger, c'est-à-dire qu'il ne s'étende pas sur toute la piéce de terre, & que la teinte soit claire, attendu que cela seroit trop placard, mais seulement sur chaque trait ou sillon, en adoucissant d'un côté.

C'est pourquoi 1°. pour les piéces de terre qui sont en bled verd, je me sers d'une teinte claire de verd. 2°. Pour celles dont les bleds sont murs, d'une teinte claire de gomme-gutte, & cette teinte peut aussi représenter les navettes qui sont en fleur. 3°. Pour celles qui sont labourées pour se reposer, d'une teinte claire d'une couleur de terre, d'un brun rougeâtre. 4°. Et enfin pour les terres qui sont en friche, j'en lave l'étendue avec une teinte claire de verd, comme les prairies ; & au lieu de sillons, j'y fais de petites broussailles légerement par intervalle, avec une demi-teinte d'encre de la Chine, ainsi qu'au pied de quelque piéce de terre ; je fais aussi quelque bout de haie & quelques arbres, plus ou moins, selon que le pays est plus ou moins couvert ; le tout dans le goût de celles qui sont dans le paysage. (*pl.* 14.)

Terre-plein. On lavoit anciennement d'une teinte claire d'encre de la Chine le terre-plein des ouvrages ; mais à présent on n'y lave rien, & cela est beaucoup mieux, car un plan lavé dans cet ancien goût avoit un air sale.

Traverse de chemin couvert. Il faut mettre le plus gros trait du côté de sa banquette, & la laver avec la même teinte des parapets du corps de la place. Au surplus il n'est pas nécessaire d'y mettre de banquette, à moins que l'échelle du plan ne soit d'un pouce pour trois toises au plus, & on ne doit la marquer que par une ligne noire déliée, comme celle qui marque les taluts des ouvrages. (*Voyez les pl.*14. *&* 15.) A l'égard des traverses qui se font dans les ouvrages, comme sur la capitale d'un baſtion, d'une demi-lune ou d'une place d'armes, pour en empêcher l'enfilade, les deux lignes qui en renferment l'épaiſſeur doivent être également groſſes.

Vignes. On les deſſinera dans le goût de celles qui ſont dans le payſage de *la pl.* 14. & l'on donnera ſur chaque cep un petit coup de pinceau de verd aſſez vif, mais légerement, c'eſt-à-dire ſans l'étendre trop.

Voûte. Celles de maçonnerie qui ſont au rez-de-chauſſée des ouvrages, ſeront marquées par des lignes ponctuées en rouge ; & celles qui ſeront au-deſſus du rez-de-chauſſée, le ſeront par des lignes ponctuées en noir. *Voyez l'art.* 7. *Sect.* 2. *ſeconde partie.*

AVERTISSEMENT.

Dans les plans en entier des places, on doit toujours marquer les piéces de fortification par des chiffres ; mais les bâtimens, comme les magaſins à poudre, & autres, les arſenaux, les caſernes & autres bâtimens appartenant au Roi, doivent être marqués par des lettres alphabetiques, pour éviter la confuſion & le grand nombre de chiffres, qui empêchent de trouver promptement une piéce de fortification dans un plan en entier, ſurtout lorſqu'elles ſont en grand nombre. Quand toutes les lettres de l'alphabet ſont employées, après s'être ſervi des *majuſcules,* on se servira de *lettres romaines*, & même des *Italiques*, si on avoit encore besoin de lettres, comme je l'ai fait dans le plan de Besançon, où les piéces de fortification & tous les dedans de cette place, tels que les magasins à poudre, à fourages, les corps-de-gardes, les casernes & autres bâtimens appartenant au Roi, ainsi que ceux appartenant à la Ville, comme l'Hôtel-de-ville & ceux où l'on rend la Justice, les Hôpitaux, les Eglises & les Couvens, & enfin les magasins de provision, étoient marqués tous par des chiffres, ce qui en faisoit un si grand nombre & par conséquent une si grande confusion, qu'on avoit une peine infinie de trouver une piéce de fortification ou autre, lorsqu'on avoit besoin de sçavoir où elle étoit placée dans le plan.

Mais pour éviter encore le grand nombre de chiffres, il ne faut point cotter les courtines, les places d'armes, les chemins couverts, ni aucune partie de la contrescarpe; & lorsqu'on aura besoin d'indiquer ces parties dans quelques mémoires, on dira, *la courtine entre* 1 *&* 2; de même, *la place d'armes de l'angle saillant de la contrescarpe du bastion* 3, ou *de la demi-lune* 4, ou *l'angle rentrant de la contrescarpe entre le bastion* 3 *& la demi-lune* 4.

A l'égard des autres choses qui ne concernent point la fortification, qui peuvent se

trouver

trouver aux environs des places , comme *hameaux , fermes , maisons de campagne , & autres choses ;* on en écrira le nom auprès comme l'on peut voir dans la *planche* 14.

REMARQUE.

On observera que toutes ces différentes piéces , soit qu'elles soient marquées par des chiffres ou par des lettres , doivent être rangées vers un des côtés du plan , ou des deux côtés , s'il est nécessaire , dans une marge d'environ trois à quatre pouces de largeur , suivant l'ordre naturel des nombres , en commençant par un bout de la principale enceinte de la place , & finissant par l'autre bout qui le joint , observant d'y comprendre les demi-lunes de chaque front , c'est-à-dire qu'après avoir cotté le premier bastion d'un front , on cottera la demi-lune de ce front , & ensuite l'autre bastion du même front , en continuant de même dans toute l'enceinte ; s'il y a une citadelle qui tienne à la ville , on cottera ses piéces en tournant autour pour aller joindre l'autre côté de l'enceinte de la ville ; & enfin s'il y a une fausse braye ou une double enceinte , on continuera à en cotter les piéces , en commençant où l'on aura fini la principale enceinte , & en suivant toujours

K

le même ordre. On en fera de même pour les ouvrages avancés , pour les citadelles détachées de la place & autres forts , s'il y en a , en faisant de toutes ces choses des articles que l'on distinguera par des titres. Un exemple fera comprendre aisément tout ce que nous venons de dire ; c'est ce que nous allons faire par le modéle qui suit , pour lequel nous avons choisi Besançon , parce que cette place nous fournira à peu près tous les cas qui peuvent se trouver, & nous en avons coté les piéces suivant l'ordre & les principes que nous avons établi.

MODELE.

BESANÇON 1719.

VILLE.

Principale enceinte de la Place.

1. Demi-bastion
2. Tour bastionnée
3. Moulin
4. Digue du moulin
} de Révotte.

5. Baftion de la Fauffe-braye ⎫
6. Tour baftionnée   ⎪
7. Flanc de la Fauffe-braye ⎬ de Brigille.
8. Digue du moulin   ⎪
9. Baftion   ⎭
10. Tour baftionnée de Saint Pierre.
11. Baftion des Carmelites.
12. Baftion du Saint Efprit.
13. Flanc ou Redan ⎫
14. Flanc ou Redan ⎬ des Cordeliers.
15. Tour baftionnée de l'Hôpital.

Retranchement de Champ-Mars.

16. Baftion ⎫
17. Baftion ⎬ de Champ-Mars.
18. Baftion ⎭
19. Baftion & moulin de l'Archevêché.
20. Tour baftionnée ⎫
21. Tour baftionnée ⎬ de Champ-Mars.
22. Baftion & moulin de la ville.
23. Digue dudit moulin.
24. Poterne   ⎫
25. Anciene tour ⎬ du Rivage.
26. Baftion Notre-Dame.
27. Ancienne tour fervant de magafin à
    poudre.
28. Ligne de communication de la ville à
    la citadelle.
29. Digue ⎫
30. Moulin ⎬ de Taraigneux.

Portes de la Ville.

La porte de Révotte, entre 1 & 2.
La porte de Brigille, entre 6 & 9.
La porte Royale, entre 12 & 14.
Et la porte Notre-Dame, entre 24 & 25.

Portes avancées.

Porte taillée dans le roc fur le chemin de...
Porte de Malpas fur le chemin de....

Partie de ville de l'autre côté de la riviere, appellée Battant, *ou le* petit Befançon.

Principale enceinte & fes demi-lunes.

31. Ancienne tour ⎫ de la Pelotte.
32. Contre-garde ⎬
33. Baftion ⎫ de Battant.
34. Demi-lune ⎬
35. Baftion avec cavalier.
36. Baftion du côté de la ville ⎫ du Fort
37. Autre baftion du même côté ⎬ Griffon.
38. Demi-lune.
39. Baftion avec cavalier ⎫ de Charmon.
40. Demi-lune ⎬
41. Baftion d'Arrene avec retranchement.

Portes du petit Besançon.

Porte de Battant, entre 33 & 35.
Porte de Charmon, entre 35 & 38.
Porte d'Arrene, entre 37 & 39.

Redoutes avancées.

42. Redoute de Brigille.
43. Redoute de Battant.
44. Redoute de Charmon.

CITADELLE.

Principale enceinte.

45. Demi-baftion
46. Demi-lune } du côté de la ville.
47. Demi-baftion
48. Demi-baftion } du côté de la
49. Autre demi-baftion } campagne.

Ouvrages de l'autre côté du fossé, du même front.

50. Demi-baftion.
51. Demi-lune.
52. Demi-baftion
53. Autre demi-baftion } de la Fauffe-braye.

*Front Saint Etienne avancé du côté
de la Ville.*

54. Baftion.
55. Demi-lune retranchée.
56. Demi-baftion.

*Porte de la Citadelle & du front avancé
du côté de la Ville.*

Porte Noire, entre 55 & 57.
Porte de l'entrée de la citadelle, entre 46
   & 48.
Porte de fecours, entre 49 & 50.

Dedans de la Ville.

A. S. Jean l'Evangelifte, Métropolitaine,
   Paroiffe.
B. S. Jean-Baptifte, Paroiffe.
C. Sainte Brigitte, Chapelle.
D. Les Jacobins, Couvent.
E. Les Dames de la Vifitation, Couvent.
F. Les Benédictins réformés, Couvent.
G. L'Hôtel de Malthe, ou le Temple.
H. S. Maurice, Paroiffe.
I. Cafernes de Cavalerie.
K. Cafernes d'Infanterie.
L. S. Paul, Abbaye & Paroiffe.
M. Les Dames Bernardines, Couvent.
N. Les Dames de l'Annonciation, Couvent.

O. La Confrairie de la Croix.
P. Les Dames Carmelites, Couvent.
Q. Les Cordeliers, Couvent.
R. Les Peres S. Antoine.
S. Les Dames Ursulines, Couvent.
T. Les Jésuites, Couvent.
V. L'Hôpital des Bourgeois.
X. Les Capucins, Couvent.
Y. Les Dames de la Charité.
Z. Les Dames de Refuge, Couvent.
&. Les Meres Cordelieres, Couvent.
a. L'Arsenal.
b. L'Hôtel de Ville.
c. S. Pierre, Paroisse.
d. Bénédictins réformés, Couvent & Pa-
    roisse.
e. Séminaire.
f. Les Carmes chauffés, Couvent.
g. Les Minimes, Couvent & Paroisse.
h. S. Quentin, Chapelle.

Dedans de la partie de ville de l'autre côté
   de la riviere, appellée Battant,
     ou Petit Besançon.

i. Sainte Marie Magdeleine, Paroisse.
l. Les Carmes Déchauffés.
m. S. Jean l'Aumônier.
n. Hôpital des vieilles gens.

Dedans du Fort Griffon.

o. Logement du Commandant.
p. Cafernes ⎫
q. Cafernes ⎰ d'Infanterie.
r. Arfenal.
s. Chapelle.
t. Magafin à poudre.

Dedans de la Citadelle.

u. Logement du Gouverneur.
x. Grand corps de cafernes.
y. Corps de cafernes Efpagnoles.
z. Arfenal.
a. Pavillon d'Officiers.
b. Magafin à poudre.
c. Logement du Lieutenant de Roi.
d. Chapelle.
e. Grand puits.

SECTION II.

De quelques ouvrages qui se font pour le siége d'une place, comme tranchées, batteries de canon & de mortiers, brêches, *& autres. Dans quel goût & dans quel détail on doit exprimer le tout. Pl. 16.*

L'Echelle des plans sur lesquels on marque ces ouvrages ne doit pas être moindre d'un pouce pour cent toises, ni plus grande que d'une ligne pour trois toises.

Nous allons donner l'attaque d'un front de fortification dans le goût de feu M. Goulon, Ingenieur & Général de l'Empereur.

Les premiers travaux qui se font pour le siége d'une place & que l'on marque sur le plan, sont les tranchées, que l'on exprime par deux lignes noires paralleles, observant de faire celle du côté de la place plus grosse que l'autre, qui doit être déliée. La grosse ligne marque le côté où l'on jette les terres que l'on tire de la tranchée, qui est toujours celui de la place.

Ces tranchées ont ordinairement douze pieds de largeur ; celles par où doit passer l'artillerie en ont jufqu'à vingt-cinq. Les boyaux que l'on fait pour communiquer d'une tranchée à l'autre, ne doivent avoir tout au plus que fix pieds de largeur, & comme, fuivant l'échelle, on ne pourra pas marquer cette largeur, on les fera moins larges que les tranchées.

A l'égard des batteries de canon, on leur fera un parapet de dix-huit pieds d'épaiffeur, percé d'embrafures, dont on lavera feulement les merlons d'une teinte entiere de gomme-gutte, laiffänt les embrafures toutes blanches, comme aux autres batteries ; fi l'on veut, on tirera une ligne parallele à trois toifes de diftance du parapet, pour marquer la plate-forme de la batterie.

Pour les batteries à mortier, elles fe font comme les précédentes, à l'exception qu'on ne leur fait point d'embrafures ; mais on fait de petits zeros fur la plate-forme, pour les diftinguer des batteries de canon, & pour en marquer en quelque façon les mortiers. *Voyez la pl.* 16.

Les épaulemens que l'on fait pour couvrir la cavalerie, ne font autre chofe qu'un parapet de dix-huit à vingt pieds d'épaiffeur, que l'on deffine à l'encre de la Chine, & qu'on lave d'une teinte entiere de gomme-gutte ; mais comme ces épaulemens font affez élevés, il leur faut marquer un talut en dehors & en dedans par une ligne noire très-déliée, parce qu'ils font affez fenfibles fur un plan dont l'échelle eft d'une ligne pour trois toifes , & on ne lave rien à ces taluts.

Lorfqu'il y a une forte garnifon dans la place affiégée , les affiégeans font des re-doutes qu'on deffine à l'encre de la Chine , & dont l'enceinte n'eft auffi qu'un parapet qu'on lave d'une teinte entiere de gomme-gutte , & fon foffé d'une demi-teinte de la même couleur.

Les fapes fe marquent & fe lavent comme les tranchées, ainfi il n'y a nulle différence pour le deffein.

Lorfqu'on fait des mines ou des fourneaux, on en marque l'entrée par un petit zero que l'on emplit de noir , & les mines & four-neaux fe marquent par des lignes ponctuées en noir.

Le paffage du foffé pour attacher le Mi-neur , s'exprime par une traverfe qu'on lave d'une teinte entiere de jaune.

Les bréches faites par le canon ou la mi-ne , fe deffinent à la plume ou au pinceau , & on les lave d'une demi-teinte de gomme-gutte.

Enfin les tranchées que les affiégés font dans les ouvrages & dans la place, s'expri-ment par un parapet, au-devant duquel eft un foffé qu'on lave d'une demi-teinte de gomme-gutte , & le parapet d'une teinte entiere.

SECTION III.

De la maniere de deffiner les Armées campées & en bataille, & tout ce qui en dépend. Pl. 17. & 18.

ON fera ces fortes de plans fur l'échelle d'un pouce pour quatre cens toifes, afin d'éviter qu'ils ne deviennent d'une grandeur embarraffante & extraordinaire, à caufe de l'étendue de pays qu'une armée occupe; & fuivant cette échelle l'on repréfentera chaque ligne d'un camp ou d'une armée rangée en ordre de bataille, par un rectangle, qui fera, fuivant l'échelle, de la même longueur & largeur que le terrein occupé par les troupes qui forment la ligne en queftion.

Enfin la diftance d'un rectangle à un autre, fera auffi la même, felon l'échelle, que celle d'une ligne à l'autre, fur les lieux; & l'on emplira ces rectangles de la couleur qui conviendra, c'eft-à-dire en bleu, fi c'eft l'armée du Roi de France, & ainfi des autres Souverains, fuivant les couleurs que nous leur attribuons dans la Section qui fuit.

Si l'armée eft campée, ou rangée en ordre de bataille, qui eft ordinairement en deux lignes, autant qu'il est possible, pour présenter à l'ennemi un plus grand front, sans comprendre le corps de réserve, qui est sur les côtés ou à la queue, suivant que le terrein le permet, l'on observera de diviser par de petits intervalles chaque rectangle en trois parties, pour distinguer les trois membres dont chaque ligne est composée, que l'on nomme *l'aîle droite*, *l'aîle gauche*, & *le centre*, & ces trois intervalles seront encore, suivant l'échelle, telles qu'elles seront sur le terrein : au surplus on pourra mettre par écrit au bas du plan par colonnes, dans un cadre particulier, le détail des Régimens en la forme qui suit, & pour cet effet nous prendrons pour modéle celui de Compiegne en 1698.

ORDRE DE BATAILLE
de l'Armée du Roi, commandée par Monseigneur LE DUC DE BOURGOGNE, *le premier Septembre* 1698.

PREMIERE LIGNE.

AILE DROITE, commandée par M. de Rosen, Lieutenant Général.

Les Maréchaux de camp de cette aîle, sont Messieurs de Marsin & de Vendeuil.

CAVALERIE.

REGIMENS.		BRIGA-DIERS.
Colonel Général Drag.	3 Escad.	M. de Nogent.
Royal Dragons,	3 Escad.	
Grenadiers à cheval,	1 Es.	
Noailles,	3 Es.	
Duras,	3 Es.	
Lorges,	3 Es.	
Villeroy,	3 Es.	M. de Lestrade
Gendarmes du Roi,	2 Es.	
Chevaux-Legers du Roi,	2 Es.	
Premiere Compagnie des Mousquetaires,	2 Es.	
Deuxiéme Compagnie,	2 Es.	
Chev. Legers Dauphin,	1 Es.	
Gendarmes Dauphin,	1 Es.	
Chevaux Legers de la Reine,	1 Es.	M. de Flaman-ville.
Gendarmes de la Reine,	1 Es.	
Gendarmes Flamans,	1 Es.	
Bourguignons,	1 Es.	
Anglois,	1 Es.	
Ecossois,	1 Es.	

Total , 35 Es.

AILE GAUCHE commandée par M. de Busca, Lieutenant Général.

Les Maréchaux de camp de cette aîle, font MM. de Locmaria & d'Alégre.

CAVALERIE.

REGIMENS.		BRIGADIERS.
Cuiraffiers du Roi,	3 Ef.	M. le Prince Camille.
Royal Allemand,	3 Ef.	
Orleans,	2 Ef.	
Camille,	2 Ef.	
Carabiniers,	10 Ef.	M. le Chev. du Rofel.
Souvré,	2 Ef.	M. de Praflin.
Bourbon,	2 Ef.	
Royal Rouffillon,	3 Ef.	
Meftre de Camp Gén.	3 Ef.	
Peyfac, Dragons,	3 Ef.	M. de Guivaudan.
Meftre de Camp Général, Dragons,	3 Ef.	

Total, 36 Ef.

CENTRE commandé par M. de Crenan, Lieutenant Général.

Les Maréchaux de camp font Meffieurs de Surville, Davejan & de Villeroy.

INFANTERIE.

REGIMENS.		BRIGADIERS.
Picardie,	3 Bat.	M. le Prince
Coësquin,	1 Bat.	d'Epinay.
Du Roi,	4 Bat.	de Puyfegur.
Gardes Françoifes,	6 Bat.	Saillans.
Gardes Suiffes,	4 Bat.	
Dauphin,	3 Bat.	de Princé.
Languedoc,	1 Bat.	
Royal Italien,	1 Bat.	de Marçay.
Navarre,	3 Bat.	

Total, 26 Bataillons.

SECONDE LIGNE.

AILE DROITE commandée par M. de Créqui, Lieutenant Général.

Les Maréchaux de camp de cette aîle, font Meffieurs de Bezons & de Courtebonne.

CAVALERIE.

REGIMENS.		BRIGADIERS.
Du Roi,	3 Ef.	M. de Tiffen-
Royal Piémont,	3 Ef.	Hauffen.
Fuftemberg,	2 Ef.	
Tallemont,	2 Ef.	
		Bourgogne

Bourgogne,	2 Ef.	
Condé,	2 Ef.	
Grignan,	2 Ef.	M. de Pui-
Roquepine,	2 Ef.	guyon.
D'Auvergne,	2 Ef.	
Rohan,	2 Ef.	
Chartres,	2 Ef.	M. le Prince
Dauphin Etranger,	3 Ef.	de Rohan.
Cravattes du Roi,	3 Ef.	

Total, 30 Escadrons.

AILE GAUCHE commandée par M. de Gaffion, Lieutenant Général.

Les Maréchaux de camp font Meffieurs les Comte de Rouffy, & de la Motte.

CAVALERIE.

REGIMENS.		BRIGADIERS.
Anjou,	2 Ef.	
Villequiers,	2 Ef.	
Coffé,	2 Ef.	M. de
Tournefort,	2 Ef.	Villequiers.
Rofen,	2 Ef.	
Berry,	2 Ef.	
Clermont,	2 Ef.	
Duras,	2 Ef.	M. de
Dourches,	2 Ef.	Clermont.
Saint Pouange,	2 Ef.	
Mauroy,	2 Ef.	M. de Vivans.
Vivans,	2 Ef.	

La Reine ,　　　3 Ef.⎱ M. de Vivans.
Royal Etranger ,　3 Ef.⎰

Total , 30 Efcadrons.

CENTRE commandé par M. d'Artagnan.
Les Maréchaux de camp font Meſſieurs
d'Albergoti & d'Antin.

INFANTERIE.

REGIMENS.　　　　　　BRIGADIERS.

Bourbonnois ,　　2 Bat.⎱ M. de Rochefort.
La Couronne ,　　1 Bat.⎰

Lyonnois ,　　　2 Bat.⎱ M. de la Chaſtre.
La Chaſtre ,　　1 Bat.⎰

Cruſſol ,　　　　1 Bat.⎫
Roüargue ,　　　1 Bat.⎬ M. de Cadrieux.
Touloufe ,　　　1 Bat.⎭

Anjou ,　　　　　1 Bat.⎫
Vermandois ,　　1 Bat.⎬ M. de Lée.
Lée ,　　　　　　1 Bat.⎭

Du Maine ,　　　1 Bat.⎱ M. de Thry.
Rouſſillon ,　　　2 Bat.⎰

Humieres ,　　　1 Bat.⎱ M. d'Humieres.
Stoppa ,　　　　2 Bat.⎰

La Reine ,　　　3 Bat.　M. de Chamarante

Greder Allem.　2 Bat.⎱ M. de Mornay.
Poitou ,　　　　1 Bat.⎰

Total 24 Bataillons.

CORPS DE RESERVE commandé par M. de Pracontal, Maréchal de Camp.

DRAGONS.

REGIMENS.		BRIGADIERS.
La Reine,	3 Ef.	M. de S. Hermine.
Hautfort,	3 Ef.	
Du Maine,	2 Ef.	M. de Cheladet.
La Valliere,	2 Ef.	
Noailles,	2 Ef.	
La Ferronaye,	2 Ef.	M. de Souternon.
Villeroy,	2 Ef.	
Toulouse,	2 Ef.	
Dauphin,	3 Ef.	

Total 21 *Efcadrons.*

RECAPITULATION.

			Ef.	Bat.
Premiere Ligne.	Aîle droite,	35.	71.	
	Aîle gauche,	36.		
	Centre, ...			26
Seconde Ligne.	Aîle droite,	30.	60.	
	Aîle gauche,	30.		
	Centre, ...			24
Corps de reserve, ...		21.		

Total général des Efcadr. 152 *Tot. des Ba.* 50

Mais ſi l'on vouloit que ce détail fût deſſiné dans le plan, il faudroit alors que l'échelle du plan fût d'un pouce pour deux cens toiſes au plus, afin de pouvoir marquer chaque eſcadron & chaque bataillon que l'on deſſineroit dans le goût de la *Planche* 18, en exprimant l'un & l'autre par un petit quarré, dont le côté feroit à peu près de cinquante toiſes, & en diſtinguant l'Infanterie par un petit drapeau, la cavalerie par un étendard, & les Dragons par une autre eſpéce d'étendard, tels qu'ils ſont repréſentés, obſervant de faire toucher les uns & les autres aux petits quarrés lorſque l'armée ſera rangée en bataille, & de les en éloigner à trois toiſes lorſqu'elle ſera campée. On obſervera auſſi que chaque bataillon doit avoir trois drapeaux, & chaque eſcadron trois étendards, & enfin on emplira chaque quarré d'une teinte entiere, de la couleur qui conviendra à la nation, comme nous le dirons dans la Section qui ſuit.

On exprimera enfin les gardes qui ſont aux environs du camp, par un très-petit quarré que l'on emplira de même de la couleur qui conviendra, & l'on y mettra auſſi un drapeau ſi c'eſt de l'infanterie, ou un étendard ſi c'eſt de la cavalerie.

Comme la plus grande partie des régimens ſont compoſés de plus d'un bataillon ſi c'eſt de l'infanterie, ou de plus d'un eſcadron si c'est de la cavalerie , on observera très-exactement d'embrasser ceux dont ils sont composés, par une ligne ponctuée en crochet, en la maniere ordinaire , sur le milieu de laquelle on écrira le nom du régiment , & l'on séparera chaque brigade par une pareille ligne ponctuée en crochet, qui embrassera les régimens qui composent la brigade, comme il est aisé de le voir *par la pl.* 18. & l'on écrira à la tête de chaque brigade le nom du Brigadier.

Si le camp est retranché, l'on marquera le retranchement par un petit trait d'une moyenne grosseur, auquel on fera à une fort petite distance une ligne parallele très-déliée, pour en marquer le fossé, & une autre pareille en dedans pour marquer l'épaisseur du parapet , qu'on lavera en jaune. *Voyez la pl.* 18.

Les lignes de circonvallation & de contrevallation se font de même que les retranchemens.

Les canons & les caissons de l'artillerie s'expriment comme ils sont représentés dans la *pl.* 17.

Enfin on écrira dans un coin de la carte ou du plan, *Camp ,* ou *Bataille de tel endroit,* au bas de laquelle inscription on n'oubliera pas de mettre l'échelle du plan ou de la carte.

SECTION IV.

De la maniere de distinguer dans les desseins les Troupes auxiliaires qui composent une armée.

APrès avoir donné la maniere de distinguer dans les desseins les armées campées & en bataille, il est bon de donner aussi celle de connoître dans ces desseins les troupes auxiliaires qui composent une armée; ce qu'on pourra faire par des couleurs différentes pour chaque nation de l'Europe, ainsi que nous allons l'expliquer.

Nous marquerons donc les troupes de France en bleu.

Celles d'Angleterre en violet. On se servira pour cet effet du sixiéme mêlange. *Premiere Part. Sect. 3.*

Celles de Hollande d'un jaune orangé. L'infusion de safran sera propre pour celle-ci.

Celles d'Espagne en noir. On employera une teinte forte d'encre de la Chine.

Celles d'Italie en verd vif.

Celles de Savoye seront marquées d'une teinte de bistre.

Celles de Suisse d'un rouge de tuile. Le

vermillon fera très-propre pour cette couleur.

Celles d'Allemagne d'un gris d'ardoife.
On fe fervira pour celle-ci du cinquiéme
mêlange. *Premiere Part. Sect. 3.*

Celles de Pologne d'un jaune pâle. Une
demi-teinte de gomme-gutte fuffira.

Celles de Mofcovie en blanc.

Celles de Suede feront pointillées avec
une demi-teinte d'encre de la Chine.

Celles de Danemarck feront pointillées
d'une teinte entiere de gomme-gutte.

Et celles de Turquie feront d'une couleur
de feu vif. Pour cet effet on fe fervira d'une
teinte forte de carmin.

SECTION V.

*Des notes ou marques que l'on joint aux
positions des Cartes géographiques, &
que l'on place en quelques endroits des
Cartes.* Pl. 19.

POUR connoître dans les cartes les ju-
rifdictions & les prérogatives des villes
& autres, les Géographes ont inventé de petites figures, dont quelques-unes font par-
lantes pour les chofes qu'elles doivent figni-
fier, & ils ont donné aux autres telle fignifi-

cation qu'il leur a plu , dont quelques-uns se sont différemment servi d'une partie ; mais il me semble qu'ils auroient beaucoup mieux fait de convenir d'une même signification , c'est pourquoi nous rapporterons celles qui sont les plus usitées pour ces petites marques ou figures , après que nous aurons expliqué ce que l'on doit entendre par le mot de *Position*. On nomme *Position* , dans les cartes géographiques, tous les points que l'on peut lever géométriquement ; & pour avoir une carte bien juste , l'on n'en doit point négliger de ceux-ci , qui sont les villes , les bourgs , les villages , les hameaux, les métairies , les châteaux , les abbayes , les prieurés , les commanderies , les chapelles , les maisons de campagne , les moulins à eau & à vent , les fours à chaux , à briques & à tuiles , les carrieres , les fontaines , c'est-à-dire leurs sources , les arbres de remarque , les croix de pierre & de bois , les poteaux & bornes qui marquent les limites des finages & des seigneuries , ausquels sont ordinairement attachées les armoiries du Seigneur de la terre , les poteaux avec des bras que l'on nomme *Guidons* , qui indiquent les chemins ; les gibets & les grands coudes des rivieres & des chemins , lesquels points de position servent à placer le paysage , qui consiste , sçavoir :

En montagnes , côteaux ou rideaux , vallées, forêts, prairies, terres labourables, vignes, marais-falans, jardins, allées d'arbres, haies, buissons, chauffées, digues, levées ou turcies, dunes, rivieres, ruiffeaux, étangs, & enfin en chemins & en sentiers.

Au furplus on écrira très-exactement les noms propres de chaque ville, bourg, &c. auprès de la pofition même ; on écrira auffi ceux des rivieres & des ruiffeaux, & autres.

Nous expliquerons dans les Sections fuivantes de quelle maniere on doit repréfenter chaque chofe, & dans quel détail on doit entrer pour chaque carte, tant pour les pofitions que pour le payfage, & l'on verra dans les planches la façon d'exprimer toutes ces chofes en petit.

Pour revenir aux fignifications des notes ou marques (*pl.* 19.) que l'on employe dans les cartes, nous dirons que les deux premieres qui font deux couronnes, l'une fermée & l'autre ouverte, font propres pour marquer, l'une les empires, & l'autre les royaumes, dans les cartes qui contiennent quelqu'une des quatre parties du monde ; pour cet effet on les placera dans le cœur du royaume ou de l'empire, ou auprès de la capitale, autant qu'il fera poffible.

La troifiéme, qui font deux clefs en fautoir, dénote les fiefs de l'Eglife.

Les neuf suivantes signifient les dignités de l'Eglise, soit Catholique, Schismatique, ou Protestante ; ces figures se placent toujours au bout de la fléche du clocher de l'église ou du temple.

Dans les trois manieres de poser un ou deux sabres dans un champ de bataille, tels qu'on les voit ici, on connoît le gain ou la perte d'une bataille. On doit entendre par celui qui a la pointe en haut, la bataille gagnée pour le Prince sur les terres duquel elle a été donnée ; & par celui qui a la pointe en bas, on doit entendre le contraire pour ce même Prince. Ainsi, par exemple, si le Roi de France gagne une bataille sur les terres de l'Empereur, il faut mettre le sabre la pointe en bas ; si au contraire il la perd, il faut mettre la pointe en haut ; & lorsque la perte sera égale de part & d'autre, on mettra deux sabres qui auront la pointe en haut, si le champ de bataille est resté au Prince sur les terres duquel la bataille a été donnée ; & on fera le contraire s'il l'a perdue.

Pour faire connoître si une Abbaye est d'hommes ou de filles, on met ensuite du nom propre de l'abbaye les lettres majuscules *A. R. H.* si ce sont des hommes, ce qui veut dire Abbaye Royale d'hommes ; ou *A. R. F.* si ce sont des filles, & ces trois lettres signifient Abbaye Royale de filles.

Notez qu'on ne doit mettre aucun trait

fur ces lettres, il faut feulement les féparer chacune d'un point.

Les fept lettres majufcules avec un petit trait deffus, dont deux jointes enfemble qui ne font comptées que pour une, dénotent les fept dégrés de qualités dont quelques terres font qualifiées : on place encore celles-ci auprès des pofitions qui marquent les terres qui ont ces titres de haute nobleffe.

Les trois lettres majufcules, dont deux ont un petit trait au-deffus, & la troifiéme un petit triangle, l'aigle à deux têtes, & les douze notes ou figures qui fuivent, font connoître les avantages & les prérogatives que quelques villes & feigneuries poffedent. Ces figures fe placent auffi au-deffus de la pofition, & non au clocher, à la réferve des trois majufcules & de l'aigle, qui fe mettent à côté de la pofition.

SECTION VI.

Des pofitions *pour la carte particuliere d'une place, & du* payfage *qui doit y être compris.* Pl. 20.

Avant que d'expliquer de quelle maniere & dans quel goût on doit deffiner les pofitions dans la carte particuliere d'une place, il eft bon de dire que lorfqu'on n'aura pas tout le tems qu'il faut pour lever le plan des bourgs & villages avec leurs rues, on pourra les repréfenter en élévation, en la maniere qu'ils le font dans la *pl.* 20. Alors il fera plus convenable de faire auffi en élévation, & dans le goût que nous dirons, les hameaux, les métairies, les châteaux, les abbayes, les prieurés, les chapelles, les commanderies, les maifons de campagne & autres que l'on trouve fur les chemins, comme de petits cabarets & hôtelleries.

A l'égard des autres pofitions, comme moulins à vent & à eau, fours à chaux, à briques & à tuiles, carrieres, croix, poteaux & bornes marquant les limites des finages & des feigneuries, & ceux qui enfeignent les chemins, les arbres de remarque & les gibets, ils doivent toujours être deffinés en élévation, dans le goût que nous dirons ci-après, & tel qu'on le voit dans la *planche* 20.

Pour les ponts, bacs, gués, éclufes & digues, on ne peut pas les repréfenter autrement qu'ils font exprimés & figurés dans la même *planche* 20. Au furplus on écrira très-exactement les noms des pofitions auprès de leur figure.

Voici par ordre alphabétique tout ce que nous avons à traiter dans cette Section, afin de pouvoir trouver avec plus de facilité ce dont on aura befoin.

'Abbaye. On en deſſinera le plan tel qu'il ſera, au carmin, & on en lavera d'une demi-teinte tout ce qui ſera bâtiment, obſervant de mettre une petite croix dans le plan de l'égliſe; & on en écrira le nom & ſurnom auprès de la poſition.

Mais lorſqu'on voudra la repréſenter en élévation, on deſſinera à l'encre de la Chine une petite égliſe avec un clocher en fléche, au ſommet de laquelle on fera une petite croix avec une croſſe. On lavera le clocher en bleu, & la couverture de l'égliſe en rouge, avec le vermillon.

Arbre de remarque. On le fera un peu plus gros que les autres, obſervant de le figurer auſſi davantage, & l'on y donnera un petit coup de verd-brun avec le pinceau du côté de l'ombre, & un petit coup de verd-clair jaunâtre du côté du jour.

Bac.
Bois. } Voyez *la premiere Section.*

Bourg. On en deſſinera le plan au carmin, tel qu'il ſera, & on en remplira d'une demi-teinte tout ce qui ſera bâtimens, obſervant de mettre une petite croix à l'égliſe.

Mais ſi c'eſt en élévation, on le repréſentera par une égliſe avec un clocher en fléche, une tour auprès & trois petites maiſons; le tout dans le goût qu'il eſt repréſenté, obſervant toujours de laver le clocher en bleu, & la couverture de l'égliſe en rouge, ainsi que celle des maisons , avec le vermillon.

Briqueterie. On la repréfentera toujours en élévation , par un petit apentis, tel qu'on le voit , & on lavera fa couverture avec le vermillon.

Canal. Voyez *la premiere Section.*

Carriere. On la figurera par une entrée obfcure , dans le goût qu'on la voit.

Chapelle. On la deffinera à l'encre de la Chine , comme elle eft repréfentée , avec une petite croix à la pointe du pignon , & on en lavera la couverture avec le vermillon.

Château. On le deffinera auffi à l'encre de la Chine , tel qu'on le voit , & on en lavera la couverture du corps de logis en bleu , & celle des deux tours en rouge avec le vermillon.

Chauffée.
Chemin. } Voyez *la premiere Section.*

Commanderie. On la deffinera à l'encre de la Chine , comme les chapelles ; mais on figurera la croix , que l'on mettra à la pointe du pignon , telle qu'on la voit , & on lavera la couverture en bleu , pour la mieux diftinguer de la chapelle.

Digue. On la figurera par deux lignes noires déliées , entre lefquelles on lavera d'une teinte d'encre de la Chine lorfqu'elle fera de terre , & par une groffe ligne rouge feulement quand elle fera de maçonnerie.

Dunes. On les deffinera & lavera comme les montagnes, avec une couleur de fable.

Eclufe. On en deffinera à peu près la figure par un fimple trait au carmin, telle qu'on la voit.

Etang.
Fléche. } Voyez *la premiere Section.*

Forêt. Voyez *la premiere Section.*

Four à chaux. On le deffinera à l'encre de la Chine dans le goût qu'on le voit, & on emplira d'une forte teinte de carmin l'ouverture par où l'on jette le bois.

Gibets. On les deffinera au naturel tels qu'ils font, obfervant de faire les piliers au carmin & les traverfes à l'encre de la Chine. Ces figures patibulaires qui font doubles, triples & quadruples, font ordinairement fur les grands chemins & fur les éminences des terres qui ont haute, moyenne, & baffe Juftice.

Gué. On le marque par un petit chemin ponctué en noir, traverfant la riviere.

Hameau. On en deffinera au carmin le plan des maifons, qu'on lavera d'une teinte de la même couleur.

Mais fi c'eft en élévation, on l'exprimera par trois maifons feulement, qu'on deffinera à l'encre de la Chine, & on lavera leur couverture avec le vermillon. On obfervera de ranger toujours les trois maisons de la même maniere dans la carte.

Hauteur.
Haies. } Voyez *la premiere Section.*

Hôtellerie. On la repréſentera par une petite maiſon en élévation, à laquelle on mettra une enſeigne, le tout deſſiné à l'encre de la Chine & dans le goût qu'on la voit. La couverture ſera lavée avec le vermillon, & la petite enſeigne avec du bleu.

Jardin. Voyez *la premiere Section.*

Iſles des maiſons bourgeoiſes. On réunira dans le plan de la place toutes les iſles des maiſons bourgeoiſes en une ſeule, comme *A* & *B*, *pl.* 20. ſans marquer aucune rue, parce qu'il n'eſt pas poſſible d'entrer dans un plus grand détail lorſque l'échelle de la carte n'eſt que d'un pouce pour quatre cens toiſes, & on lavera cette iſle totale d'une demi-teinte de carmin, en adouciſſant dans le milieu.

Maiſon de campagne. Si c'eſt en plan, on la deſſinera & lavera au carmin; & ſi c'eſt en élévation, on figurera une petite maiſon en pavillon, dont on lavera la couverture avec le vermillon.

Marais. Voyez *la premiere Section.*

Moulin à eau. On l'exprimera par une petite maiſon avec une roue dans l'eau, deſſinée à l'encre de la Chine, & la couverture de la maiſon ſera lavée avec le vermillon.

Moulin

Moulins à vent de bois & de pierre. On les deſſinera à l'encre de la Chine, dans le goût qu'on les voit ; & on lavera la couverture de celui de pierre avec le vermillon, & de celui de bois avec le biſtre.

Mur ou muraille. Son épaiſſeur ſera exprimée par une ſeule ligne au carmin.

Place fortifiée. L'épaiſſeur des remparts de la ville & des ouvrages détachés ſera exprimée par deux lignes ſeulement, l'une qui marquera ſon revêtement, laquelle ſera au carmin ſi le revêtement eſt de maçonnerie, ou à l'encre de la Chine s'il n'eſt que de gazon ; & l'autre ligne ſera toujours noire & déliée, pour marquer le talut intérieur du rempart. On marquera auſſi la contreſcarpe par une ligne rouge ſi elle eſt de maçonnerie, ou noire ſi elle n'eſt que de gazon : le chemin couvert par une ligne noire, un peu plus forte que celle du pied de ſon glacis, qui doit être très déliée.

Pont de pierre. On le marquera par deux lignes rouges, ſans y rien laver.

Pont de bois. Celui-ci par deux lignes noires déliées, en marquant les madriers en travers ; on n'y lavera rien non plus.

Poteau qui marque les limites des Seigneuries. On les deſſinera à l'encre de la Chine, obſervant d'y mettre en haut un petit écuſſon qu'on emplira de bleu.

Poteau avec des bras pour indiquer les

M

chemins. On les deſſinera auſſi à l'encre de la Chine, dans le goût qu'on les voit, obſervant d'y mettre autant de bras qu'il y aura de chemins à enſeigner.

Prairies. Voyez *la premiere Section.*

Prieuré. Voyez *Abbaye*, à l'exception qu'au lieu d'une croſſe, on n'en fera qu'une demie, comme elle eſt marquée.

Puits.
Riviere.
Ruiſſeau. } Voyez *la premiere Section.*
Ravines.
Sentiers.
Terres labourées.

Village. Voyez *Bourg*, ſi c'eſt en plan; mais ſi c'eſt en élévation, on l'exprimera par trois maiſons & une égliſe, avec un clocher à fléche, qu'on lavera en bleu, & la couverture de l'égliſe d'une teinte de vermillon ainſi que celle des trois maiſons.

Vignes. Voyez *la premiere Section.*

Ville. Soit qu'elle ſoit fortifiée ou qu'elle ne le ſoit pas, il eſt toujours mieux dans ces ſortes de cartes de la repréſenter en plan avec ſes fortifications, s'il y en a, ou avec ſa ſimple enceinte, que l'on marquera par une ligne rouge, ſelon à peu près le contour qu'elle aura, & une noire fort déliée qui lui ſera parallele, pour marquer le foſſé. *Voyez la premiere Section.*

Remarques pour les cartes maritimes.

1°. Dans les ports de mer on marquera par des chiffres, aux endroits où il sera nécessaire, le nombre de toises ou de mesures usitées d'eau qui reste à basse mer dans les pleines lunes des équinoxes.

2°. Les bancs de sable seront pointillés & lavés comme les autres sables.

3°. Ce qui sera vase sera lavé en noir.

4°. Les rochers qui ne couvrent jamais seront lavés en rouge.

5°. Les bancs des rochers plats sous la mer seront hachés & lavés en rouge.

6°. Les rochers qui couvrent & découvrent seront exprimés par une croix rouge.

7°. Ceux qui ne découvrent jamais seront marqués par une double croix; & lorsque ces rochers seront près de terre, on pourra les aligner par quelques points fixes sur terre, d'où les lignes qui passeront par ces points formeront un angle dont le sommet viendra rendre à l'endroit du rocher.

8°. Les endroits où l'on peut mouiller seront marqués par de petits ancres.

9°. Enfin les routes d'un lieu en un autre seront aussi marquées par deux lignes parallèles ponctuées en noir.

SECTION VII.

Des positions pour la Carte particuliere d'une Election, & du paysage qui doit y être compris. Planche 21.

DAns la carte particuliere d'une Election, on doit entrer dans le détail qui suit.

Il sera toujours mieux de mettre la ville de l'Election en plan plutôt qu'en élévation, afin de la distinguer comme la principale ville de la carte, & qu'elle frappe davantage à la vue pour la trouver promptement.

On la représentera donc par une simple enceinte avec des petites tours rondes & quarrées; mais lorsqu'elle sera fortifiée, on fera, au lieu de tours, des petits bastions, observant d'y en mettre le nombre effectif, autant que cela se pourra; ensuite on y placera les petites notes ou figures *de la pl.* 19. *Sect.* 5. qui seront nécessaires pour en faire connoître les jurisdictions & les prérogatives, & l'on écrira aussi le nom de la ville en lettres majuscules.

A l'égard des autres villes, s'il s'y en trouve dans l'Election, on les représentera par deux petites tours & une figure ronde entre les deux, à leur pied, comme il est aisé de le voir.

Les bourgs seront exprimés par une petite tour & une figure ronde à côté de son pied.

Les villages seront marqués par une petite tour seulement.

Les hameaux par un petit quarré.

Les métairies par un petit triangle.

Les châteaux par une petite figure ronde sur laquelle sera une girouette ; & ceux qui seront fortifiés, on les distinguera par un petit quarré posé sur un de ses angles, & la girouette sur celui d'en-haut.

Les abbayes, par une petite figure ronde & une crosse au-dessus.

Les prieurés, par une même figure ronde, un bâton de Prieur au-dessus.

Les commanderies, par un petit triangle & une croix sur l'angle.

Nota, que lorsque les châteaux, les abbayes, les prieurés, les commanderies & les chapelles seront ruinés, & que les fonds en seront éteints, l'on observera de faire pencher les petites marques qui les distinguent les unes des autres, comme il est aisé de le voir dans la *pl. 21*.

Les moulins à vent seront marqués par un petit triangle & quatre aîles au-dessus.

Les moulins à eau seront exprimés par

M iij

une petite roue dentelée au milieu de la riviere, canal ou ruisseau.

Les gibets seront dessinés au naturel, tels qu'ils seront, soit doubles, triples ou quadruples.

Les rivieres seront marquées par deux lignes noires, dont l'une sera très-déliée, & l'autre un peu plus grosse, & paralleles dans leurs sinuosités, qu'on remplira de couleur d'eau.

Les canaux se marquent par deux lignes paralleles à la regle, dont une doit être très-déliée, & l'autre un peu plus grosse, observant d'en marquer les coudes, s'il y en a ; & on les remplira aussi de couleur d'eau.

Les lacs, les étangs & les montagnes considérables seront dessinés & lavés comme nous l'avons expliqué dans la *premiere Section.*

Enfin on marquera les terres ou limites de l'Election par des points ronds, pour en faire voir l'étendue, & l'on orientera la carte, comme nous le dirons dans la *Section* 10.

Voilà tout ce qu'on peut mettre dans la carte d'une Election, tant pour le paysage que pour les positions.

Nota 1°. Qu'il ne faudra pas oublier de mettre dans un coin de la carte l'explication

des notes ou marques, avec l'échelle au-
deſſous.

2°. De mettre les noms des villes en lettres majuſcules, obſervant que ces lettres
ſoient un peu plus grandes pour la ville de
l'Election que pour les autres, s'il s'y en
trouve; ceux des bourgs en lettres romaines; & ceux des villages en lettres italiques,
de même que ceux des hameaux, des métairies, & autres, à l'exception qu'ils feront
d'un caractere un peu plus petit que celui des
villages; le tout afin que l'on puiſſe diſtinguer par les caracteres des lettres, auſſi-bien
que par la figure, une ville d'un bourg, un
bourg d'un village, &c.

3°. De marquer le courant des rivieres,
des ruiſſeaux & des canaux, par une petite
fléche que l'on joindra auprès, & d'écrire
leur nom.

4°. Et enfin de joindre aux poſitions les
notes ou marques de la *pl.* 19. qui conviendront, pour en faire connoître les juriſdic-
tions & les prérogatives.

SECTION VIII.

Des positions pour la Carte d'une province, & du paysage qui doit y être compris. Planche 21.

VOici dans quel détail on doit entrer pour ces sortes de cartes.

Il sera toujours mieux de mettre la ville capitale de la province en plan, dont on écrira le nom en lettres majuscules.

A l'égard des autres villes, les plus considérables seront représentées par trois petites tours & une figure ronde au pied de celle du milieu, qui doit être un peu plus haute que les deux autres ; & les autres villes moins considérables par deux tours seulement, & une petite figure ronde entre les deux à son pied.

Les bourgs, par une tour, & la petite figure ronde à côté de son pied.

Les villages, par une tour seulement.

Les châteaux, par une petite figure ronde, & une girouette dessus.

Les châteaux fortifiés, par un petit quarré posé sur un de ses angles, & une girouette dessus l'angle opposé.

Les abbayes, par une petite figure ronde & une crosse au-dessus.

Les prieurés, par une pareille figure ronde & un bâton de Prieur dessus.

A l'égard du paysage, on n'y mettra que les montagnes & les forêts les plus considérables par leur étendue.

On ne marquera que les rivieres & non les ruisseaux ; les grandes par deux lignes, & les petites par une seulement ; & enfin les lacs & les canaux.

On enfermera les Elections qui seront comprises dans la province, par des points ronds, & on marquera les limites de la province par des longs.

Enfin on joindra aux positions où il sera nécessaire, les notes ou marques de la *pl.* 19. qui leur conviendront, pour en faire connoître les jurisdictions & les prérogatives ; & l'on mettra dans un coin de la carte, comme nous l'avons dit ci-devant, l'explication des notes, avec l'échelle de la carte au bas.

SECTION IX.

Des positions pour la Carte d'un Royaume, & du paysage qui doit y être compris. Pl. 21.

DANS les cartes d'un royaume dont l'échelle n'est que d'un pouce pour quinze lieues, on ne peut guères entrer dans un plus grand détail que celui qui suit.

Les villes fortifiées & la capitale du royaume, seront dessinées en plan, & leur nom sera écrit en lettres majuscules, observant que celles de la capitale soient d'un caractere plus grand que celles des autres villes.

La capitale de chaque province sera exprimée par deux petites tours & une figure ronde entre les deux, à leur pied, & leur nom sera écrit d'un caractere un peu plus gros que ceux des autres villes.

Enfin les autres villes seront marquées par une petite tour & une figure ronde à côté de son pied; & leur nom sera écrit en lettres romaines.

Nota, qu'aux villes où il y a évêché, on marquera une croix au bout de la fléche du clocher; & si c'est un archevêché, on mettra une double croix, comme il eſt aiſé de voir dans la *pl.* 19.

A l'égard du payſage, l'on ne mettra que les montagnes & les forêts les plus conſidérables.

On marquera les grandes rivieres par deux lignes paralleles dans leurs ſinuoſités, & les petites rivieres par une ligne ſeulement.

On marquera auſſi les lacs & les canaux ſur leſquels il y a des écluſes.

On terminera les frontieres du royaume & des états voiſins par des points longs, & les provinces par des ronds.

SECTION X.

De la Bouſſole, *qui ſert à orienter les* Cartes *&* les Plans. Planche 22.

LA bouſſole qui ſert à orienter les cartes & les plans, ſera deſſinée dans l'un des trois goûts marqués dans la *pl.* 22. *fig.* 1. 2. & 3. & ſera placée dans quelque coin de la carte ou du plan; & lorſque dans l'un ou dans l'autre il y aura quelque partie de mer, il ſera mieux d'y placer la bouſſole; alors on tirera de toutes les diviſions de cette bouſſole des lignes au bord de la mer.

Cette bouſſole marque les quatre points

cardinaux du monde, qui se nomment sur terre *Orient*, *Occident*, *Septentrion & Midi*.

Sur la mer océane *Est*, *Ouest*, *Nord & Sud*.

Et sur la mer méditerranée, *Levante*, *Ponente*, *Tramontana*, *& Ostro*.

L'orient est opposé à l'occident, & le septentrion au midi.

De même l'est est opposé à l'ouest, & le nord au sud.

Levante est opposé à *Ponente*, *& Tramontana à Ostro*.

Ces quatre principales parties du monde qui se croisent à angles droits, se divisent en quatre autres, dont les noms sont composés de deux d'entre les quatre premiers.

La premiere qui est entré le nord & l'est, comme *d*, (*fig. 2. pl. 22.*) se nomme *Nord-Est*; la seconde qui est entre le sud & l'ouest, comme *b*, (*même fig.*) est appellée *Sud-Ouest*; la troisiéme entre le nord & l'ouest, comme *a*, (*même fig.*) se nomme *Nord-Ouest*; & la quatriéme entre l'est & le sud, comme *c*, est appellée *Sud-Est*.

Et sur la méditerranée, la premiere entre *tramontane & levante*, comme *d*, est nommée *Greco*. La seconde, entre *ostro & ponente*, comme *b*, est appellée *Garbino* La troisiéme, entre *tramontane & ostro*, se nomme *Maestro*. Et la quatriéme, entre *levante & ostro*, est appellée *Sirocco*.

Levante eſt *levant, ponente ;* qui lui eſt oppoſé, eſt le *couchant ; tramontana* eſt le *nord ; & oſtro,* qui lui eſt oppoſé, eſt le *midi.*

La croix dans la bouſſole, (*fig.* 3.) marque l'orient; la boule qui lui eſt oppoſée, l'occident; la fleur de lys, le ſeptentrion, & le dard qui lui eſt oppoſé, marque le midi.

Enfin dans les cartes maritimes on diviſe ces huit parties en huit autres, qui font enſemble ſeize, & celles-ci en ſeize autres, qui font en tout trente-deux, que l'on nomme en général *Rumbs de vents.*

On pourra laver les rayons des bouſſoles de différentes couleurs, en cette maniere, ſçavoir les moitiés des quatre principaux rayons en bleu, & les quatre autres en jaune ; enſorte que les mêmes couleurs ſoient toujours oppoſées ſur chaque moitié de rayon. Pour faire mieux comprendre ce que je viens de dire, j'ai pointillé les demi-rayons qui doivent être d'une même couleur, comme en jaune, dans les quatre principaux rayons, & j'ai haché les quatre autres moitiés qui doivent être en bleu : j'ai de même pointillé les quatre moitiés des quatre rayons marqués *a, b, c, d,* que l'on mettra en verd, & j'ai laiſſé les quatre autres en blanc, que l'on mettra en rouge.

Au ſurplus les cartes géographiques s'orientent toujours quarrément à leur bordure, c'eſt-à-dire qu'elles ſont tournées de maniere que les quatre côtés du quadre regardent les quatre points cardinaux du monde , & le nord ou ſeptentrion eſt toujours au côté qui borne la carte par le haut.

SECTION XI.

Des quadres ou bordures des deſſeins.
Planche 22.

POUR terminer les deſſeins on leur fait une bordure autour , qui eſt ordinairement compoſée d'un gros & d'un petit trait ; le gros doit être toujours en dehors , & plus ou moins large , ſelon que le deſſein eſt plus ou moins grand , parce que toutes choſes demandent une certaine proportion : on en trouvera quatre modeles pour quatre différentes grandeurs de deſſeins.

Le trait marqué *A*, qui fait partie d'une bordure , avec un cartouche ſimple , ſera propre pour les deſſeins qui occuperont la feuille entiere du grand aigle ; celui marqué *B*, pour la feuille du grand colombier ; celui marqué *C*, pour la feuille du nom de Jeſus ; & enfin le trait marqué *D*, pour les deſſeins qui occuperont la feuille du grand raiſin.

Si nous déterminons ici les groſſeurs des

traits de chaque bordure , c'eſt parce que
j'en ai vû dont le trait étoit d'une largeur extraordinaire ſans néceſſité , ce qui étoit ridicule ; ainſi j'ai cru qu'il étoit à propos de
régler les bordures pour les grandeurs des
deſſeins les plus ordinaires.

SECTION XII.

De la maniere de coller les plans & les
cartes ſur toile , & de les en décoller
lorſqu'il eſt néceſſaire.

POUR coller un plan , ou une carte , ou
quelque eſtampe que ce ſoit ſur toile ,
il faut premierement clouer la toile ſur une
ſuperficie qui ſoit verticale , comme ſur une
porte , ou ſur une cloiſon , ou enfin ſur une
table que l'on poſera verticalement lorſqu'il
s'agira d'y appliquer le plan ou la carte , enſorte que cette toile ſoit bien tendue ; puis
avec une broſſe de poil de cochon enduire
cette toile de colle faite avec la fleur de fa-
rine de ſeigle ou de froment ; enſuite appliquer le plan ou la carte ſur la toile , en la
maniere qui ſuit , après qu'on les aura humectés , en appliquant ſur le dos , c'eſt-à-dire
ſur le côté blanc , un linge mouillé.

Il faut donc commencer à coller une bande du plan ou de la carte, par en haut, de la largeur d'environ trois doigts, horizontale- ment, pendant qu'une perfonne tiendra le bas du plan ou de la carte, pour empêcher qu'il ne s'applique entierement fur la toile, & continuer de coller par pareilles bandes horizontales, appuyant deffus un linge blanc, en pouffant toujours l'air en bas ; & quand le plan ou la carte fera entierement collée, on appuiera doucement le linge par tout le plan, afin qu'il n'y ait aucun endroit de fouf- flé, & lorfqu'il fera fec on le déclouera, & fera fait.

Notez, qu'il faut que la colle foit entiere- ment refroidie avant que de l'employer ; car autrement elle fécheroit en l'étendant.

Si par hazard il falloit, par quelque né- ceffité, décoler ce plan ou un autre, quand même il feroit vieux collé, il ne faudroit qu'en mouiller la toile avec une éponge ou autre chofe, enfuite mettre le plan à la cave, & cinq ou fix heures après le remouil- ler encore une fois, & le lendemain effayer de le décoller ; & s'il ne fe décolloit pas fa- cilement, on le remouilleroit une troifiéme fois, & même une quatriéme & cinquiéme fois, de jour à autre, s'il le falloit, afin de ne rien déchirer, alors le plan fe décolleroit aifément.

SECTION

SECTION XIII.

Liste générale des couleurs & papiers propres au lavis; des plumes, bouts d'aîles & de corbeau; des crayons de pierre de mine fine, & des pinceaux, avec leurs prix.

BIEN que le prix des marchandises soit sujet à varier par la conjoncture des tems, nous ne laisserons pas de marquer celui de celles dont il s'agit ici, quoique quelques-unes de ces marchandises soient bien rencheries, sur-tout l'outremer.

Premierement des couleurs.

Il y a du carmin depuis quarante sols le gros jusqu'à trois livres.

L'once de gomme-gutte, ... 10 s.
L'once de verd de vessie, ... 10
L'once de vermillon le plus beau, 10
L'once de couleur d'eau, ... 4
L'once de gomme Arabique la plus
    blanche, ... 18
La coquille de verd d'iris, ... 5
Le pain ou bâton d'encre de la
Chine de deux pouces de lon-
gueur, sur environ neuf lignes

N

de largeur, & trois d'épaiſſeur,
faite en Hollande ou à Paris,
la commune, ... 5 ſ.
     Et la meilleure, ... 10
     Celle qui eſt véritablement de
la Chine , & de même volume
que nous venons de dire, . .   1 liv. 0
     Et la plus belle, ...   1   10
     La douzaine de moyens pin-
ceaux, ... 18

On trouvera toutes ces couleurs & des
pinceaux, ſçavoir,
     A la Cornemuſe, rue Greneta.
     A l'Etoile d'or, même rue.
     Et au Ceriſier, même rue, vis-à-vis le
Charriot d'or.
     A l'égard des pinceaux, le ſieur Douce-
lin qui demeure dans le cul-de-ſac de la rue
de Jouy, en fait qu'il vend dix-huit ſols la
douzaine.
     Les meilleurs pinceaux ſe font chez le
ſieur Bonair, rue du Roulle, au coin de la
rue S. Honoré, chez un Marchand de Modes, au quatriéme étage ; mais il les vend
huit ſols piece : il ne les vendoit il y a cinq
ans que ſix ſols.
     Pour ce qui eſt des crayons de pierre de
mine fine, ils ſont à meilleur marché ſur le
pont-neuf que par-tout ailleurs ; & comme la pierre de mine fine dont ces crayons

font faits, vient d'Angleterre, lorfqu'on eft en guerre avec cette nation ces crayons font fort chers : en voici donc les prix au plus haut.

La douzaine de crayons fins d'un pouce de longueur, ... 2. l. 8 f.

Celle de longueur au-deffous & au-deffus d'un pouce, fe vend à proportion.

Les crayons fins en bois de fix pouces & demi de longueur chaque bâton, 0 . 10 f.

Et les communs, ... 0 . 1 f. 6. d.

Des papiers battus & lavés, & des plumes, bouts d'aîles & de corbeau.

La main du grand aigle vaut	9 l.	
La main du grand colombier	6	
La main du Nom de Jefus	3	
La main du grand raifin . .	2	5 f.
La main du petit raifin, ou carré	1	4
La main du double compte *	1	
La main de papier à la ferpente, de douze pouces fur vingt de grandeur, fans être battu, .		10
Le même papier battu . . .		12
Le papier à la ferpente de Hollande	1	15

* Toutes ces mêmes efpeces de papiers fe vendent environ un cinquiéme de plus lorfqu'ils font de Hollande ; ils font d'ailleurs un peu plus petits que ceux de France.

Le même battu . . . . . 2 l.

La main de papier à la serpente
verni, pour calquer les desseins   3   10 f.

Le même huilé 1   5

Il y a des bouts d'ailes depuis dix fols le
cent jufqu'à quatre livres.

Le cent de plumes de corbeau, 3 liv.

Comme tous les Marchands Papetiers ne
vendent pas du papier battu & lavé, voici
à peu près ceux qui ont le plus de réputation
pour ces fortes de papiers; on y trouvera auffi
des crayons, des plumes, bouts d'aîles & de
corbeau.

Chez Prudhomme, à la Prudence, rue
des Lombards, vis-à-vis celle des cinq
Diamans.

A l'Image Notre-Dame, rue de Buffy,
Faubourg S. Germain.

Rue du petit pont, à l'Image Notre-Dame.

Au Griffon, rue S. Antoine, proche les
Jéfuites.

A la petite Vertu, rue Dauphine, vis-à-
vis la rue Contrefcarpe.

Rue des petits Champs, vis-à-vis le paffage S. Honoré.

F I N.

TABLE
DES MATIERES
CONTENUES DANS CET OUVRAGE.

A

N iij

C.

D

E

F.

I.

L.

O.

P.

O

Q.

R.

S.

T.

Fin de la Table des Matieres.

APPROBATION.

J'AI lû par ordre de Monſeigneur le Chancelier, *Les Régles du Deſſein & du Lavis.* Je crois cette nouvelle édition inſtructive & fort utile. FAIT à Paris ce 7. Février 1743.

MONTCARVILLE.

PRIVILEGE DU ROI.

LOUIS, par la grace de Dieu, Roi de France & de Navarre, à nos amés & féaux Conſeillers, les Gens tenant nos Cours de Parlement, Maîtres des Requêtes ordinaires de notre Hôtel, Grand Conſeil, Prévôt de Paris, Baillifs, Sénéchaux, leurs Lieutenans Civils, & autres nos Juſticiers qu'il appartiendra, SALUT. Notre amé CHARLES-ANTOINE JOMBERT, Libraire à Paris, & ordinaire pour notre Artillerie & pour le Genie, Nous a fait expoſer qu'il deſireroit faire imprimer & donner au public pluſieurs Ouvrages qui ont pour titre, *Les Regles du Deſſein & du Lavis, &c.* s'il nous plaiſoit lui accorder nos Lettres de privilége pour ce néceſſaires : A CES CAUSES, voulant favorablement traiter ledit Expoſant, nous lui avons permis & permettons par ces préſentes, de faire imprimer leſdits Ouvrages ci-deſſus ſpécifiés, en un ou pluſieurs volumes, & autant de fois que bon lui ſemblera, & de les vendre, faire vendre & débiter par tout notre Royaume pendant le tems de *quinze années* conſécutives, à compter du jour de la date deſdites préſentes ; faiſons défenſes à toutes ſortes de perſonnes de quelque qualité & condition qu'elles ſoient, d'en introduire d'impreſſion étrangere dans aucun lieu de notre obéiſſance ; comme auſſi à tous Libraires, Imprimeurs & autres d'imprimer, faire imprimer, vendre, faire vendre, débiter ni contrefaire leſdits Ouvrages, ni d'en faire aucuns extraits, ſous quelque prétexte que ce ſoit, d'augmentation, correction, changemens ou autres, ſans la permiſſion expreſſe & par écrit dudit expoſant ou de ceux qui auront droit de lui ; à peine de confiſcation des exemplaires contrefaits, de trois mille livres d'amende contre chacun des contrevenans, dont un tiers à Nous, un tiers à l'Hôtel-Dieu de Paris, l'autre tiers audit Expoſant, & de tous dépens, dommages & intérêts : A la charge que ces préſentes ſeront enregiſtrées tout au long ſur le regiſtre de la Communauté des Libraires & Imprimeurs de Paris, dans trois mois de la date d'icelles ; que l'impression desdits Ouvrages sera faite dans notre Royaume & non ailleurs, en bon papier & beaux caracteres, suivant la feuille imprimée & attachée pour modéle sous le contrescel des présentes ; que l'Impétrant se conformera en tout aux réglemens de la Librairie, & notamment à celui du 10 Avril 1725 ; & qu'avant de les exposer en vente les manuscrits ou imprimés qui auront servi de copie à l'impression desdits Ouvrages, seront remis dans le même état où l'approbation y aura été donnée, ès mains de notre très-cher & féal Chevalier le Sieur Daguesseau Chancelier de France, Commandeur de nos Ordres ; & qu'il en sera ensuite remis deux exemplaires dans notre Bibliothé-que publique, un dans celle de notre Château du Louvre, & un dans celle de notre très-cher & féal Chevalier le Sieur Daguesseau, Chancelier de France ; le tout à peine de nullité des présentes : du contenu desquelles vous man-dons & enjoignons de faire jouir ledit Exposant ou ses ayans cause pleinement & paisiblement, sans souf-frir qu'il leur soit fait aucun trouble ou empêchement. Voulons que la copie desdites présentes qui sera im-primée tout au long au commencement ou à la fin desdits Ouvrages, soit tenue pour duement signifiée, & qu'aux copies collationnées par l'un de nos amés & féaux Conseillers-Secrétaires, foi soit ajoutée comme à l'origi-nal. Commandons au premier notre Huissier ou Sergent sur ce requis, de faire pour l'exécution d'icelles tous actes requis & nécessaires, sans demander autre permission, & nonobstant clameur de haro, Charte Normande & Lettres à ce contraires ; car tel est notre plaisir. Donné à Ver-sailles, le vingt-sixiéme jour d'Avril, l'an de grace mil sept cens quarante-trois, & de notre regne le vingt-hui-tiéme. Par le Roi en son Conseil,

S A I N S O N.

Regiftré fur le Regiftre XI. de la Chambre Royale des Li-braires & Imprimeurs de Paris, n°. 185, fol. 155, conformé-ment aux anciens réglemens, confirmés par l'Edit du 28 Fé-vrier 1723. A Paris, le 23 Mai 1743.

S A U G R A I N, *Syndic.*

Premiere Partie
Planche 1.ere
Fig. 1.ere
Fig. 4.
Fig. 2.
Fig. 3.
Fig. 6.
Fig. 5.
a
b
Verre ou glace
Verre ou glace
d
c
Fig. 7.
e
f

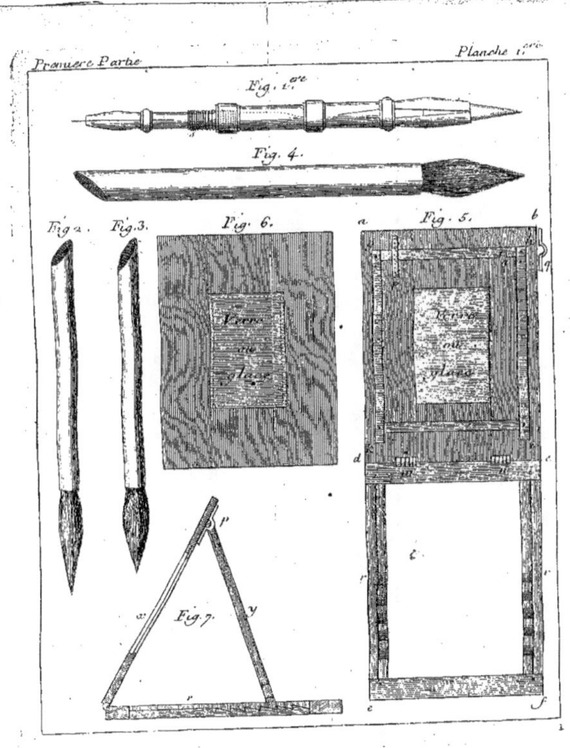

Fig. 4.
Fig. 3.
Fig. 2.
Fig. 1.re

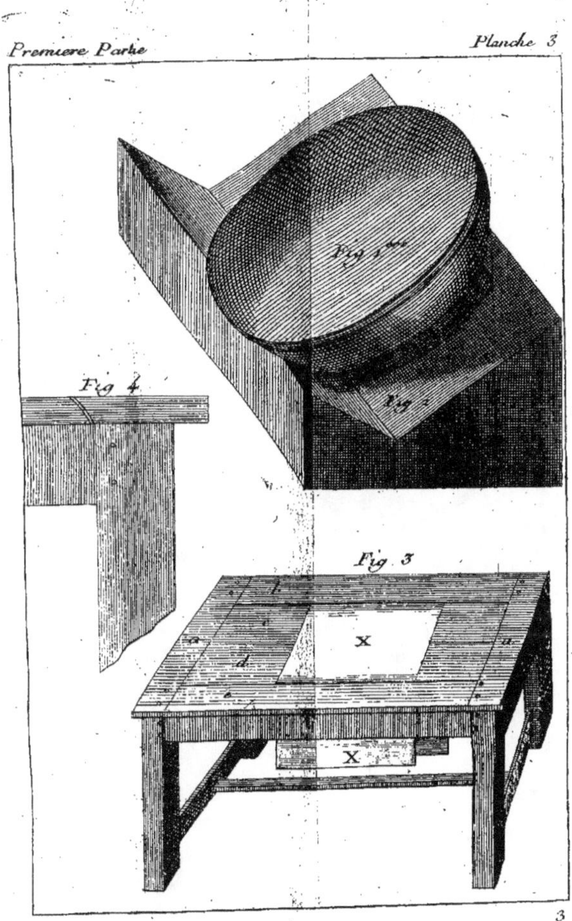

Fig. 1.re
Fig. 2.
Fig. 4.
Fig. 3.
X
X

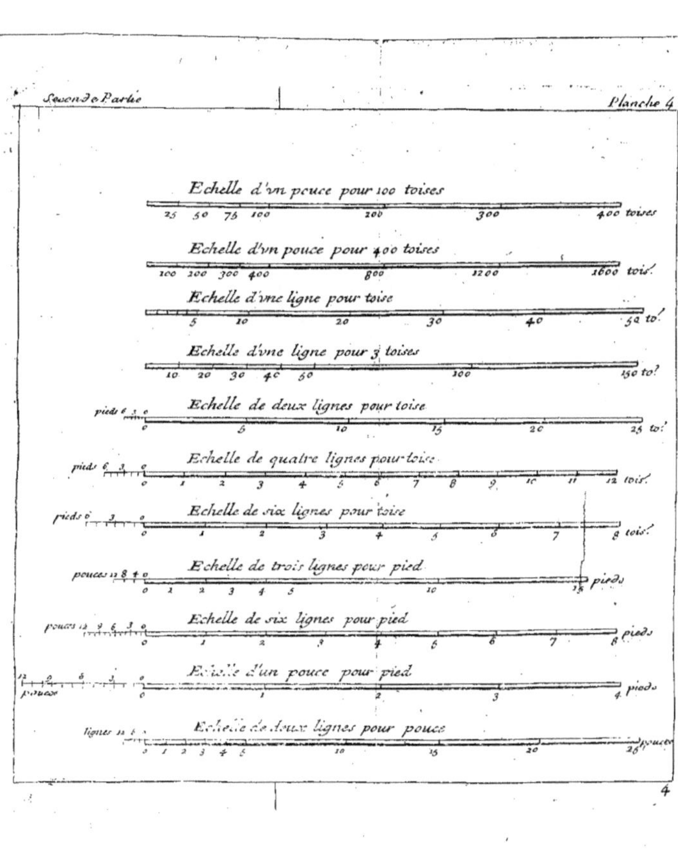

Echelle d'vn pouce pour 100 toises
25 50 75 100   200   300   400 toises
Echelle d'vn pouce pour 400 toises
100 200 300 400   800   1200   1600 tois.
Echelle d'vne ligne pour toise
5   10   20   30   40   50 to.
Echelle d'vne ligne pour 3 toises
10 20 30 40 50   100   150 to.
pieds 6 3 0   Echelle de deux lignes pour toise
0   5   10   15   20   25 to.
pieds 6 3 0   Echelle de quatre lignes pour toise
0 1 2 3 4 5 6 7 8 9 10 11 12 tois.
pieds 6 3 0   Echelle de six lignes pour toise
0 1 2 3 4 5 6 7 8 tois.
pouces 12 8 4 0   Echelle de trois lignes pour pied
0 1 2 3 4 5   10   15 pieds
pouces 12 9 6 3 0   Echelle de six lignes pour pied
0 1 2 3 4 5 6 7 8 pieds
12 9 6 3 0   Echelle d'un pouce pour pied
pouces   0   1   2   3   4 pieds
lignes 12 6   Echelle de deux lignes pour pouce
0 1 2 3 4 5   10   15   20   25 pouces

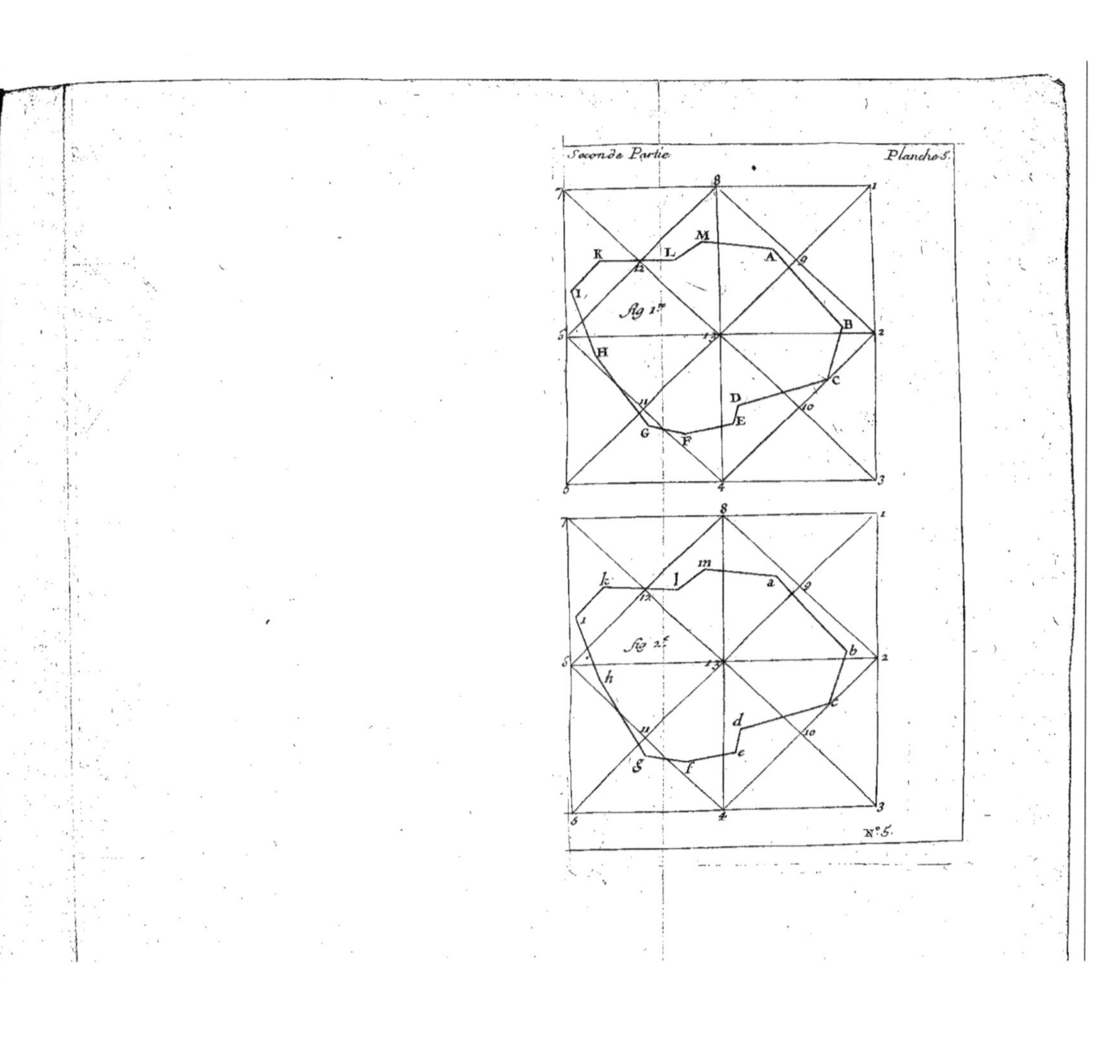
Seconde Partie
Planche 5.
fig 1.re
M
K L A
I
H B
G F E D C
fig 2.e
m
k l a
i
h b
g f e d c
N.° 5.

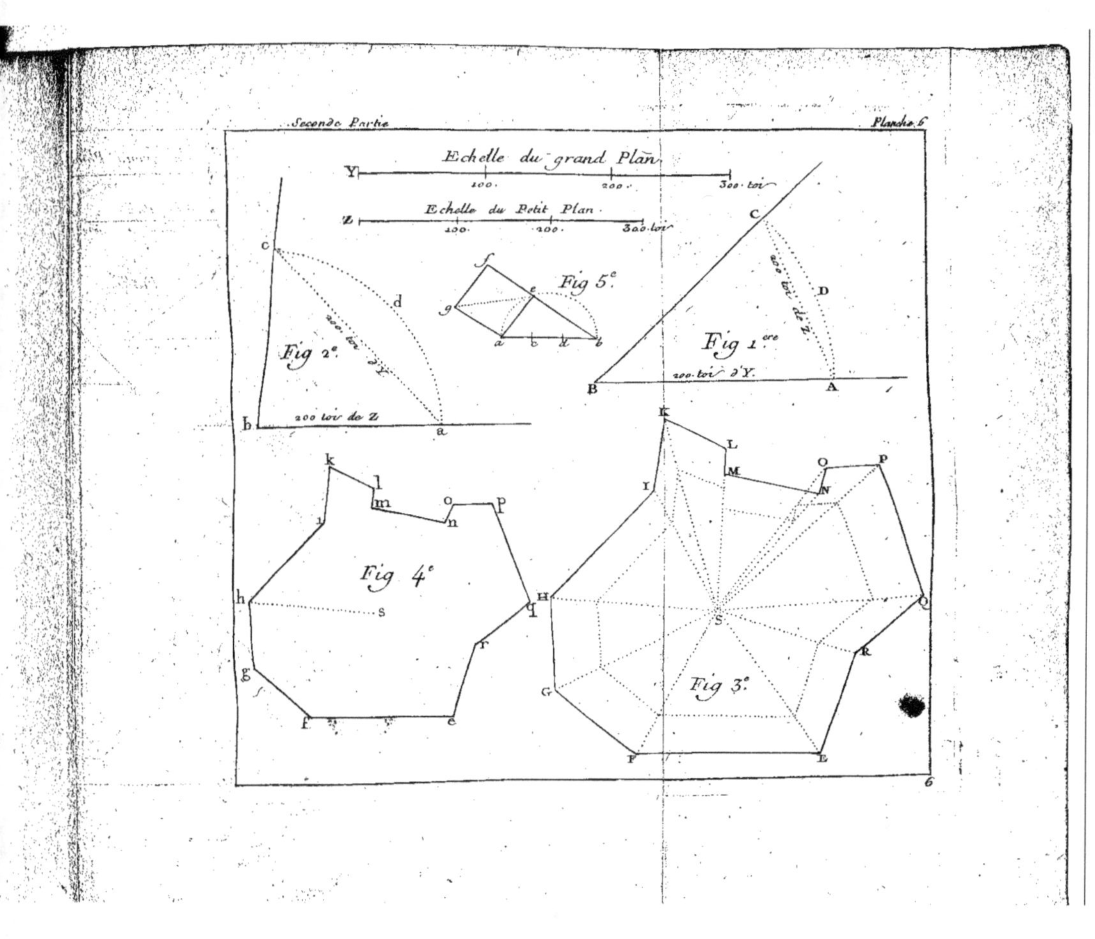
Echelle du grand Plan.
Y
100. 200. 300. toi
Echelle du Petit Plan.
Z
100. 200. 300. toi
Fig. 5.e
f
g
e
a b d b
c
d
Fig. 2.e
200. toi. d'Y.
b   200 toi de Z   a
C
D
200. toi de Z.
Fig. 1.ere
B   200. toi d'Y.   A
k
l
m
o   p
i
n
Fig. 4.e
h   s
r
g   H
f   e
K
L
M
I   O   P
N
Q
S
R
G
Fig. 3.e
F   E

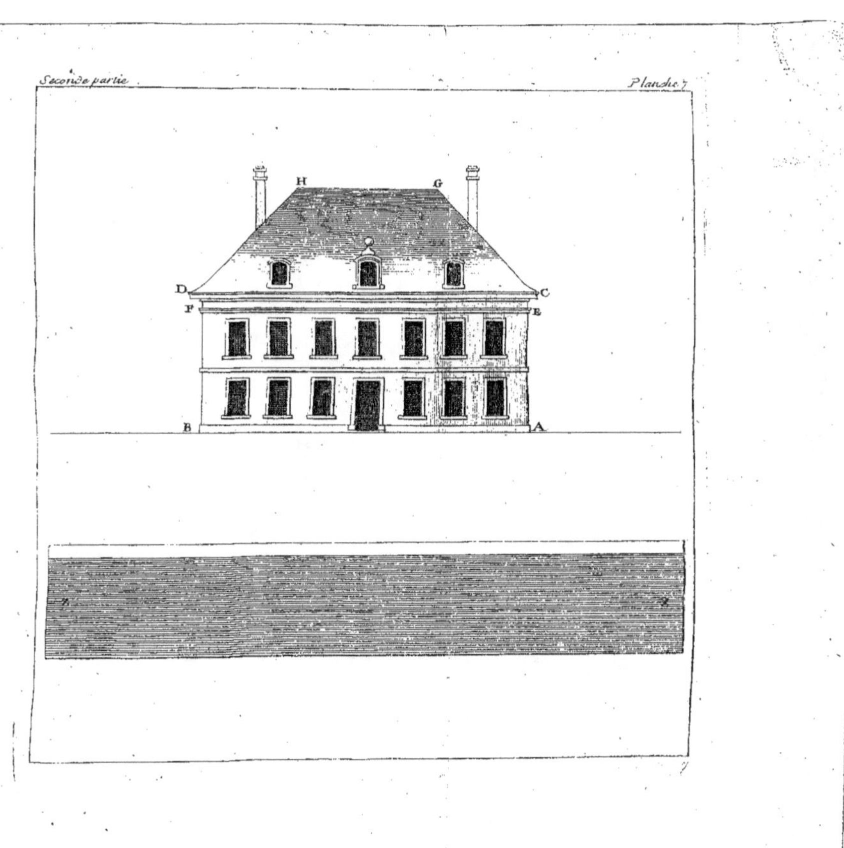
H
G
D
C
F
E
B
A

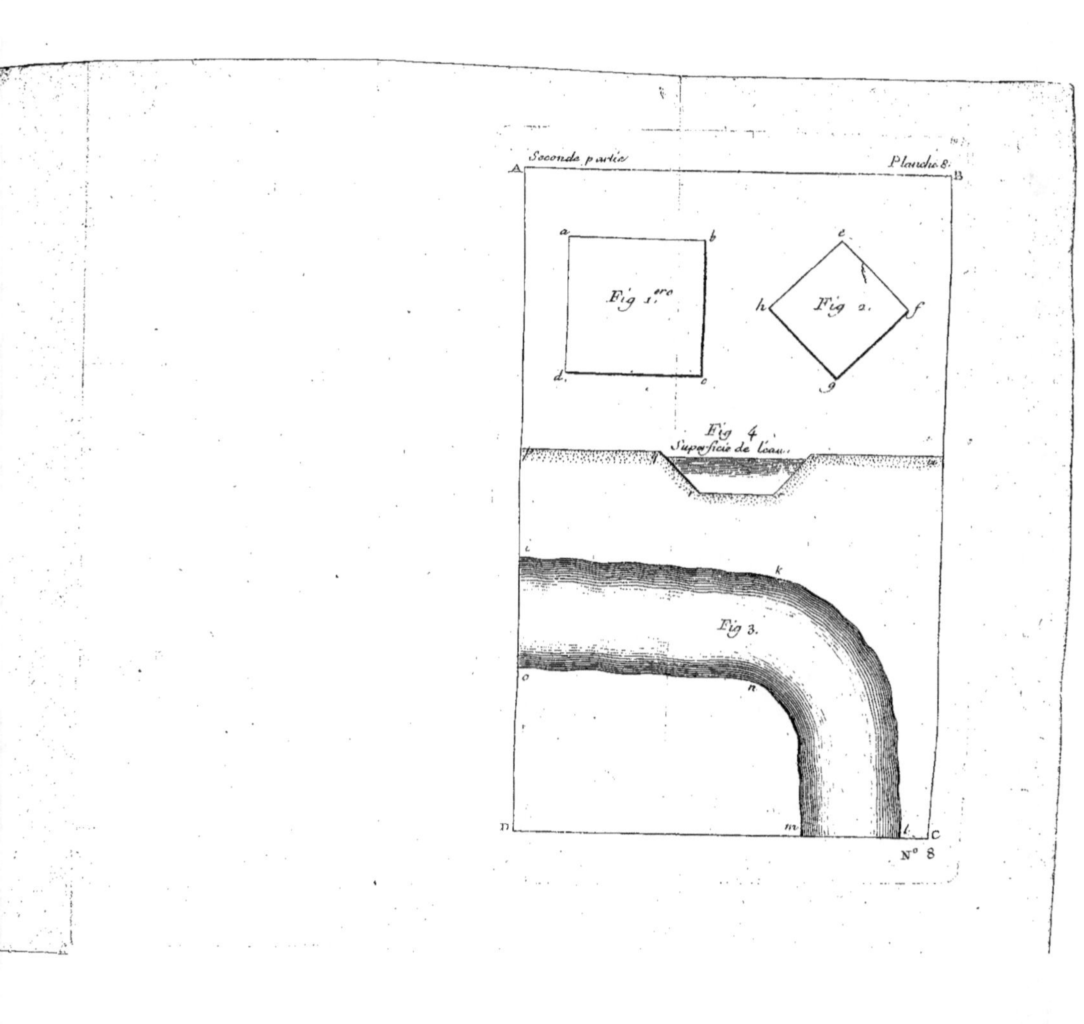

Seconde partie
Planche 8.
A
B
a
b
Fig 1.ere
d
c
e
h
Fig 2.
f
g
Fig 4
Superficie de l'eau.
i
k
Fig 3.
o
n
D
m
l
C
N° 8

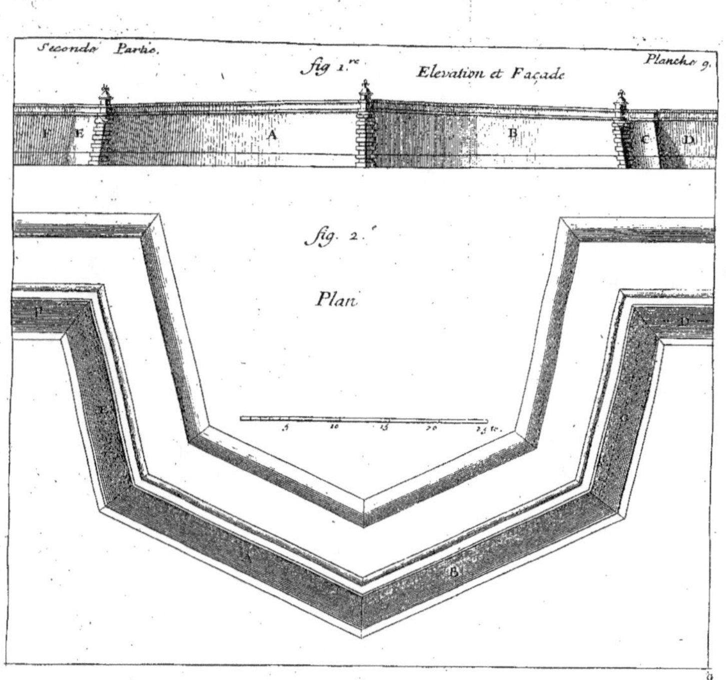

Seconde Partie.
Planche 9.
fig 1.re
Elevation et Façade
E
A
B
C
D
fig. 2.e
Plan
F
D
E
C
A
B

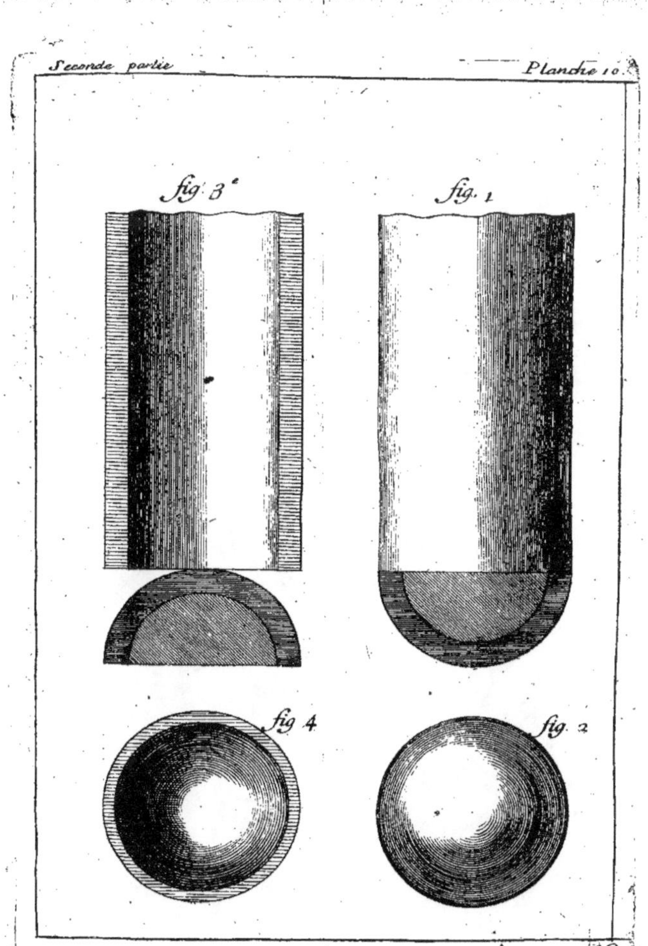

Seconde partie
Planche 10.
fig. 3.
fig. 1.
fig. 4
fig. 2
20

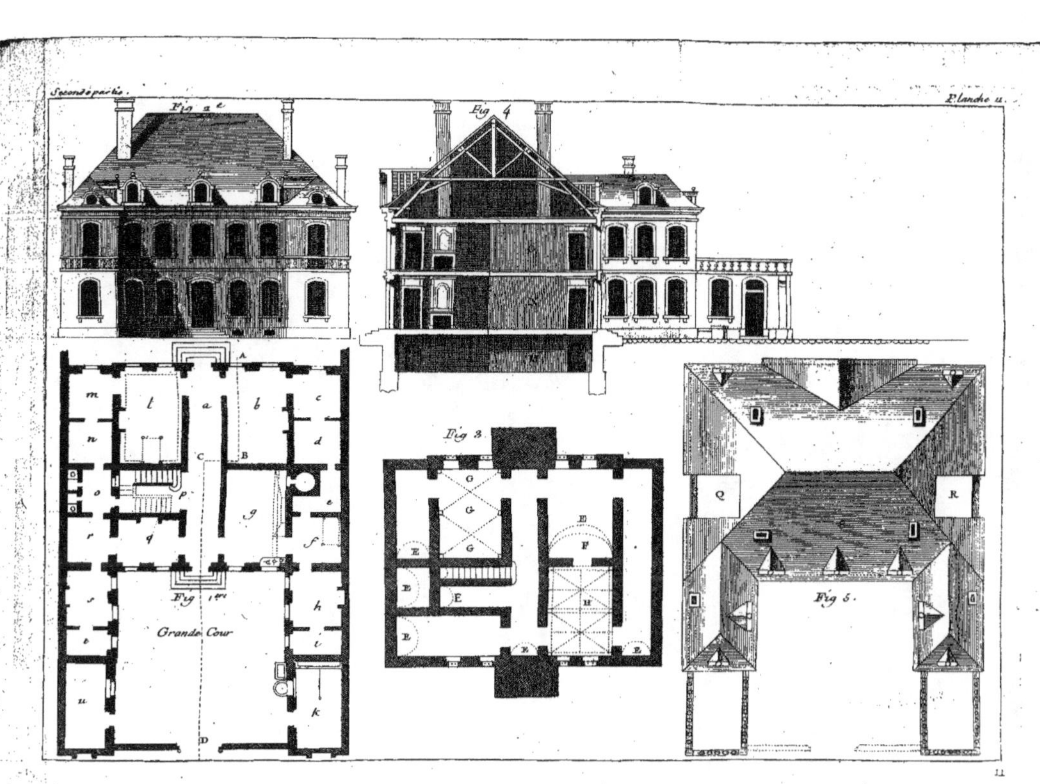

Seconde partie.
Planche 11.
Fig. 2.
Fig. 4.
Fig. 3.
Fig. 5.
Fig. 1er.
Grande Cour.

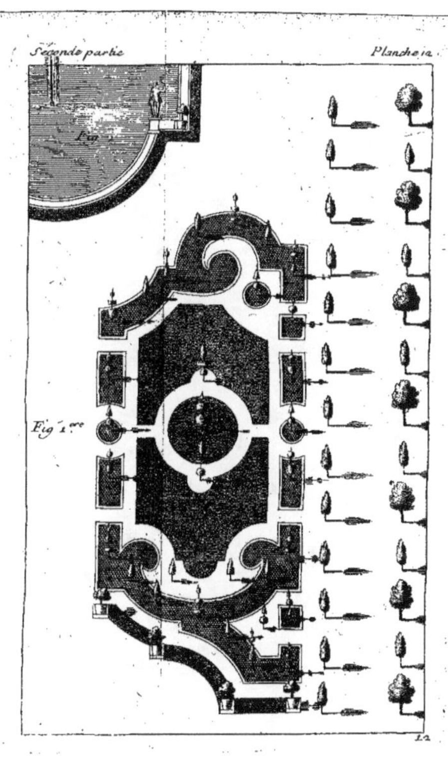

Seconde partie
Planche 12.
Fig. 1.re

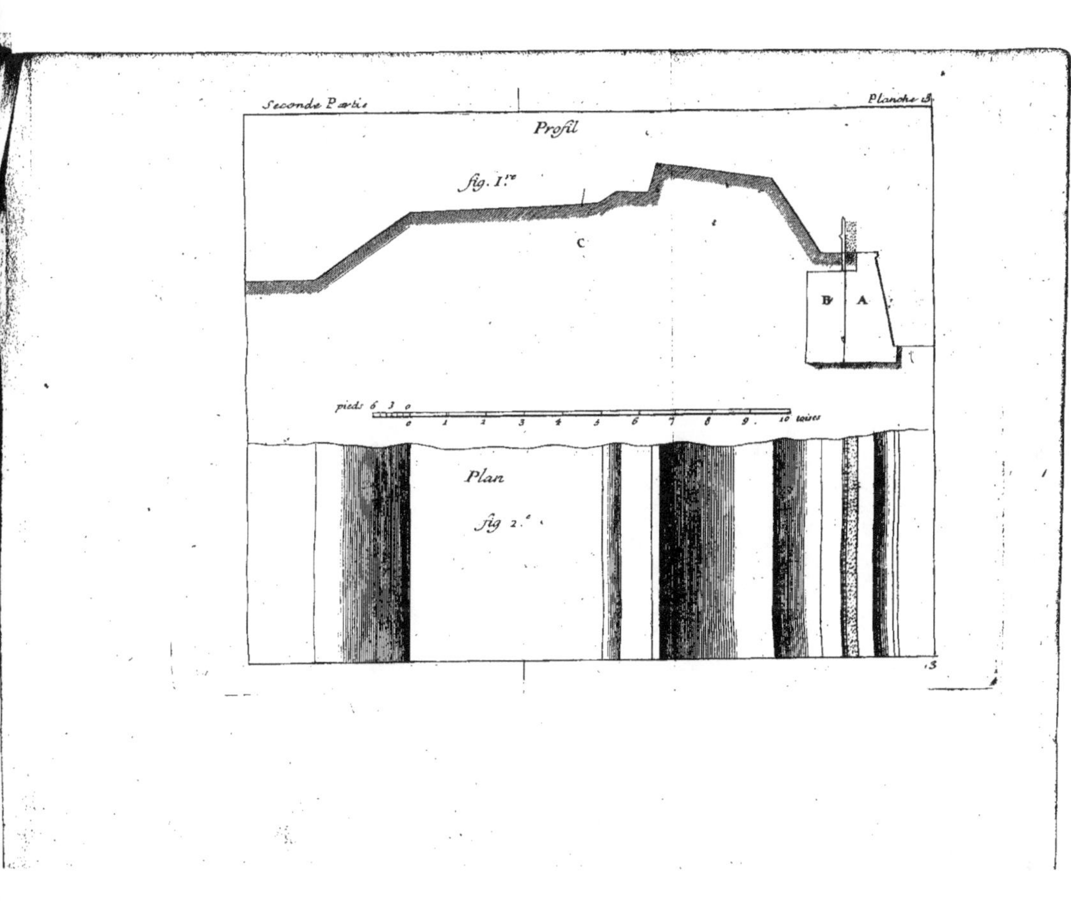

Seconde Partie
Planche 3.
Profil
fig. 1.re
C
B A
pieds 6 3 0
0 1 2 3 4 5 6 7 8 9 10 toises
Plan
fig 2.e

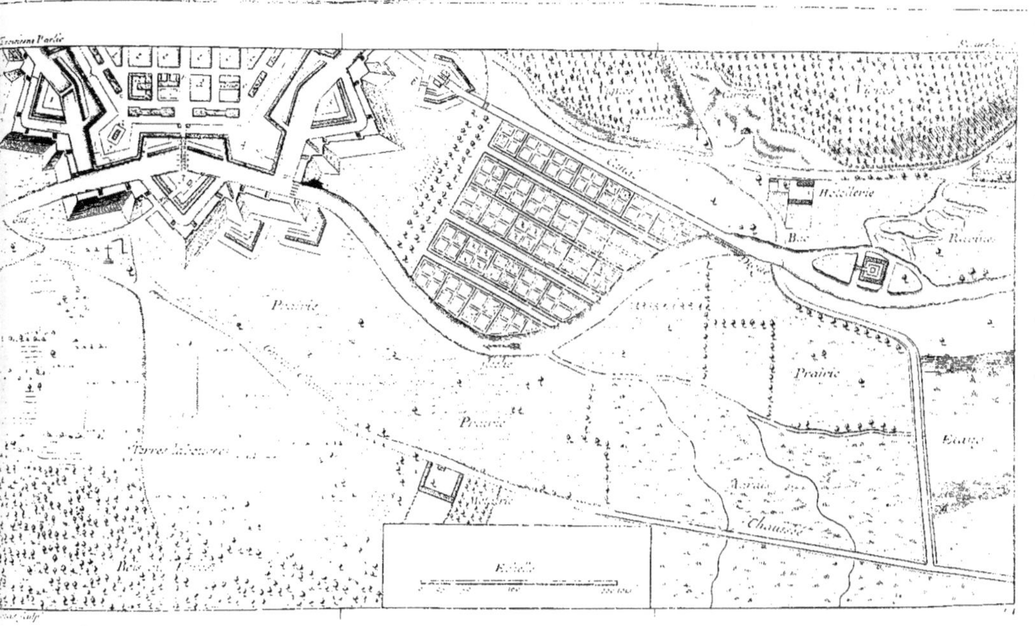

Troisieme Partie
Hôtellerie
Prairie
Prairie
Prairie
Prairie
Prairie
Terre labourée
Chaussée
Échelle

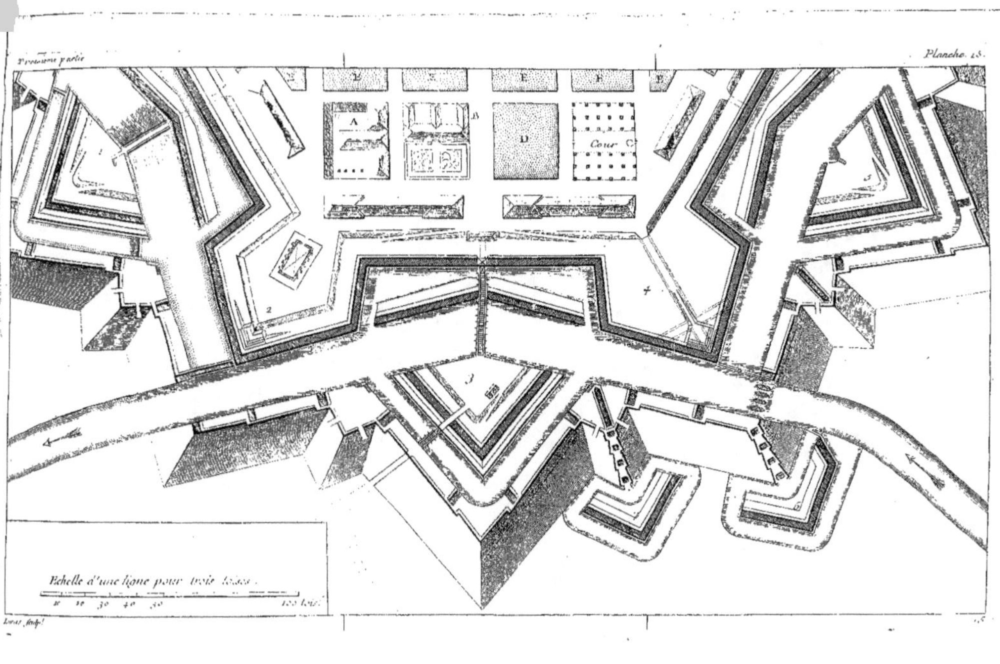
A
B
D
Cour C
Echelle d'une ligne pour trois toises.
10 20 30 40 50 100 tois.
Lucas Sculp.

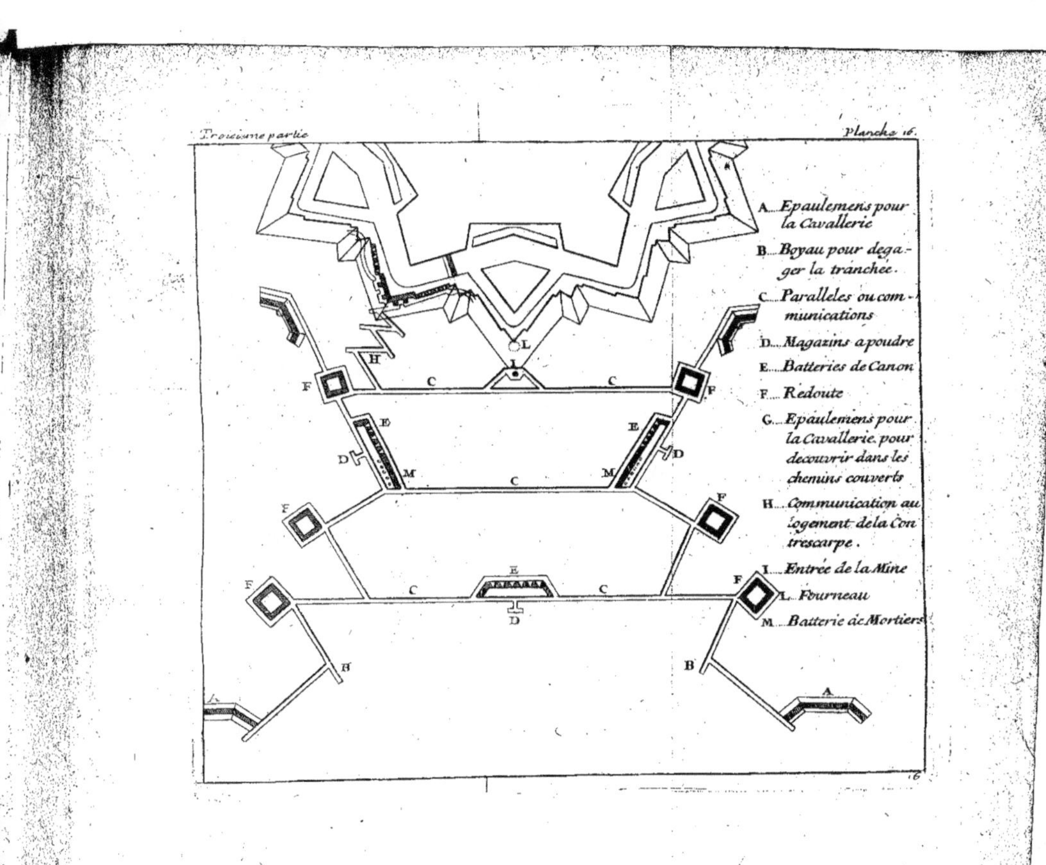

Troisieme partie
Planche 16.
A... Epaulemens pour la Cavallerie
B... Boyau pour dega-ger la tranchée.
C... Paralleles ou communications
D... Magazins a poudre
E... Batteries de Canon
F... Redoute
G... Epaulemens pour la Cavallerie, pour decouvrir dans les chemins couverts
H... Communication au logement de la Contrescarpe.
I... Entrée de la Mine
L... Fourneau
M... Batterie de Mortiers

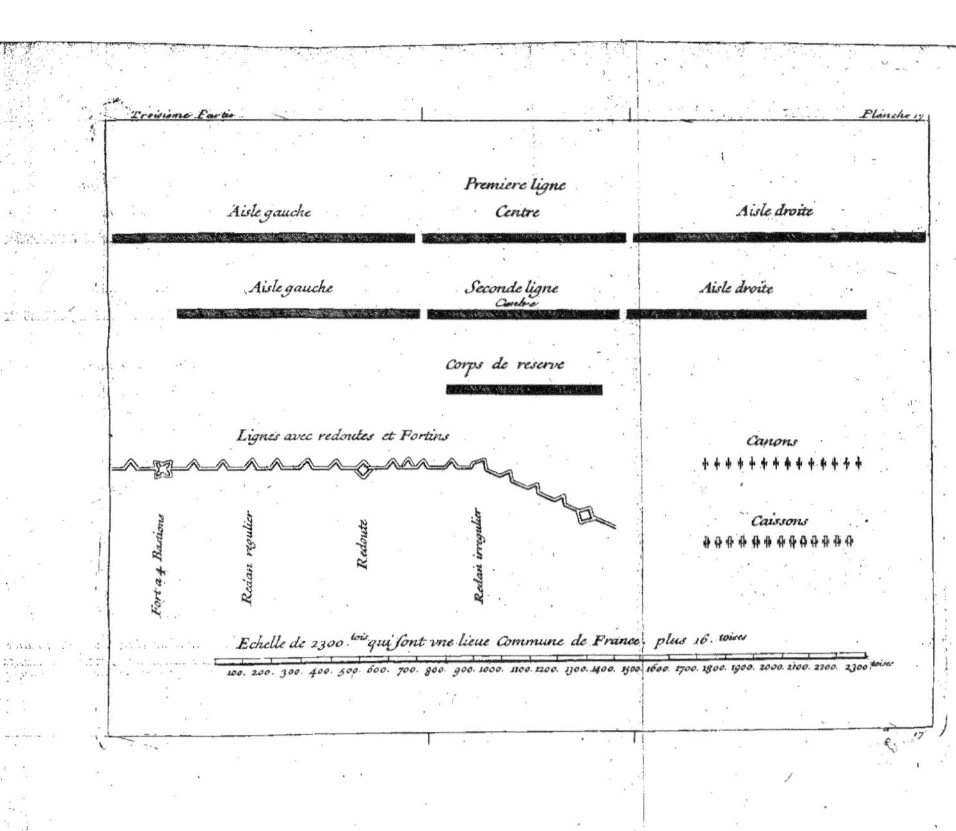

Troisieme Partie
Planche 17
Premiere ligne
Aisle gauche
Centre
Aisle droite
Aisle gauche
Seconde ligne
Centre
Aisle droite
Corps de reserve
Lignes avec redoutes et Fortins
Canons
Caissons
Fort a 4 Bastions
Redan regulier
Redoute
Redan irregulier
Echelle de 2300 tois qui sont vne lieue Commune de France, plus 16. toises
100. 200. 300. 400. 500. 600. 700. 800. 900. 1000. 1100. 1200. 1300. 1400. 1500. 1600. 1700. 1800. 1900. 2000. 2100. 2200. 2300. toises

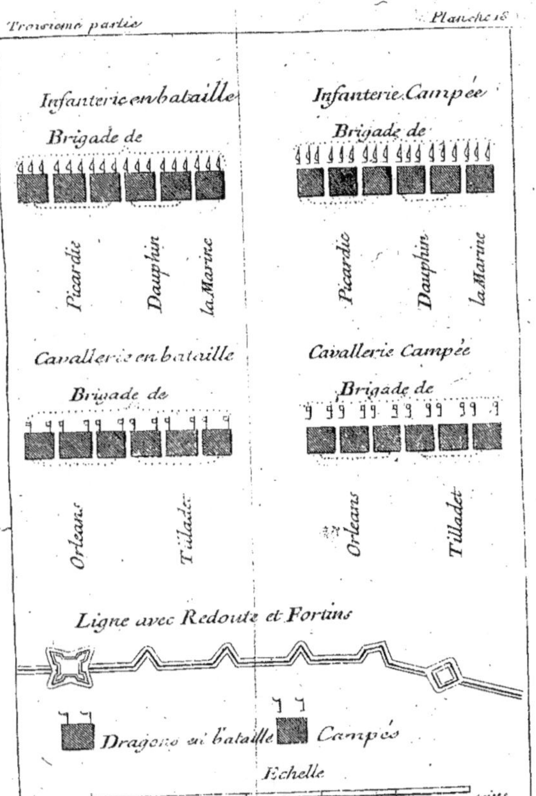

Troisieme partie
Planche 18
Infanterie en bataille
Brigade de
Picardie
Dauphin
la Marine
Infanterie Campée
Brigade de
Picardie
Dauphin
la Marine
Cavallerie en bataille
Brigade de
Orleans
Tilladet
Cavallerie Campée
Brigade de
Orleans
Tilladet
Ligne avec Redoute et Fortins
Dragons en bataille
Campés
Echelle
100
200
300
400
500 toises
18

Nottes ou Marques pour servir aux Cartes

Colonne 1	Colonne 2	Colonne 3	Colonne 4 (Nottes pour les Juridictions)
Empire.	A.R.H. Abbaye Royale d'Hommes.	B Baron qui assiste aux Etats.	Nottes pour les Juridictions.
Royaume.	A.R.F. Abbaye Royale de Filles.	Ville Impériale d'Allemagne.	Baillage.
Fiefs de l'Eglise.		Ville Anseatique	Election.
Archeveché } Catholique	Nottes pour les Terres qualifiées de haute Noblesse	Ville qui depute aux Etats.	Prevôté.
Eveché. }	D.P. Duché Pairie.	Château.	Siege.
Archeveché } Protestants	D. Duché.	Gouvernem.t de place	Siege Royal.
Eveché. }	M. Marquisat.	Residence du Prince	Eaux et Forets.
Patriarche.	C. Comté.	Generalité	Viguerie ou Baillage.
Eveché Schismatique.	V. Vicomté.	Université	Senechaussée.
Abbaye.	B. Baronnie.	Grenier à Sel.	Presidial.
Prieuré.		Bureau des finances.	Cour des Aydes.
Commanderie.		Ville ou l'on bat monnoie.	Chambre des Comptes.
Champ de Bataille	Nottes des Prerogatives	Sepulture des Roys.	Conseil Souverain.
Bataille gaignée	R. Republique.	Port de Mer.	Amirauté.
Bataille perdue	F. Ville franche.		Parlement de France.

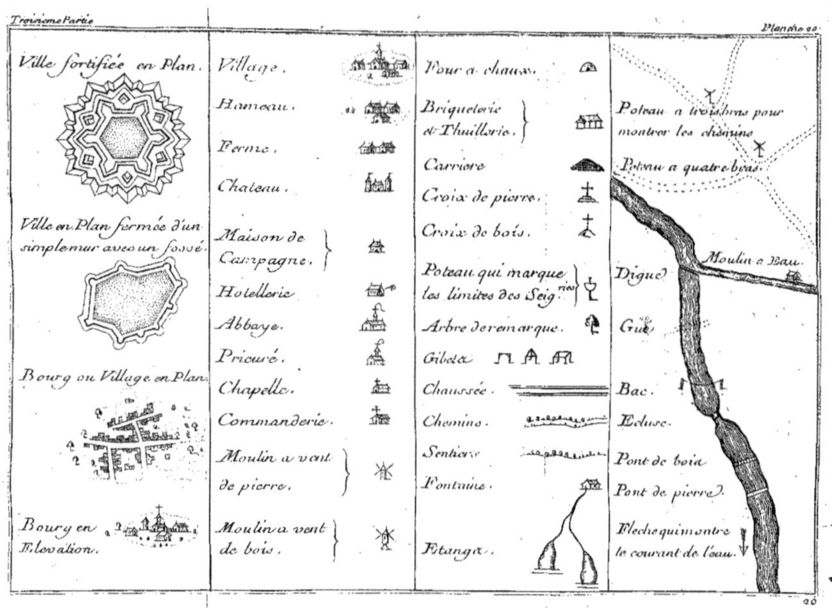

Ville fortifiée en Plan.
Ville en Plan fermée d'un simple mur avec un fossé.
Bourg ou Village en Plan.
Bourg en Elevation.
Village.
Hameau.
Ferme.
Chateau.
Maison de Campagne.
Hotellerie
Abbaye.
Prieuré.
Chapelle.
Commanderie.
Moulin a vent de pierre.
Moulin a vent de bois.
Four a chaux.
Briqueterie et Thuillerie.
Carriere
Croix de pierre.
Croix de bois.
Poteau qui marque les limites des Seigries
Arbre de remarque.
Gibet.
Chaussée.
Chemins.
Sentiers
Fontaine.
Etangs.
Poteau a trois bras pour montrer les chemins
Poteau a quatre bras.
Moulin a Eau.
Digue.
Gué.
Bac.
Ecluse.
Pont de bois.
Pont de pierre.
Fleche qui montre le courant de l'eau.

Pour les Cartes des Élections et des Provinces.

Ville en Plan fortifié.

Ville en Plan fermée d'un simple mur.

Positions en Elevation

Grande Ville.   Petite Ville.   Bourg.

Village.   Hameau.   Metairie.

	Qui subsiste	Ruiné
Château		
Château fortifié		
Abbaye		
Prieuré		
Commanderie		
Chapelle		
Moulin a vent. a Eau.		
Gibets		

Pour la Carte des Royaumes

Capitale du Roïaume.   Ville Capitale de chaque Province.

Petite Ville.

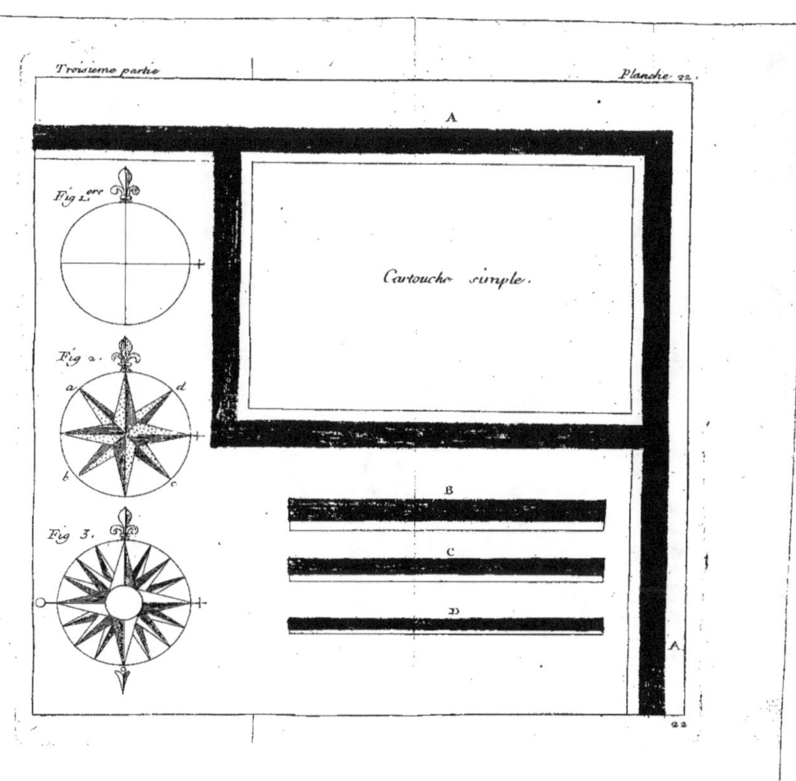
A
Fig. 1.ere
Cartouche simple.
Fig. 2.
a
d
b
c
Fig. 3.
B
C
D
A
22

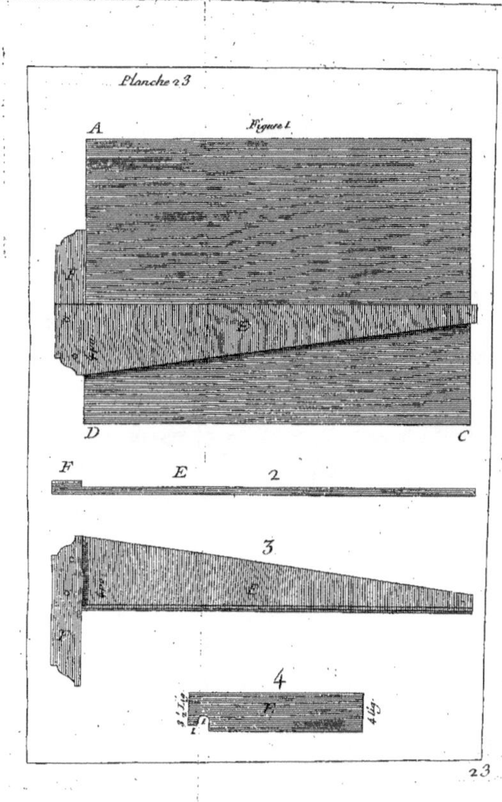

Planche 23
A
Figure 1.
D
C
F
E
2
3
E
4
23

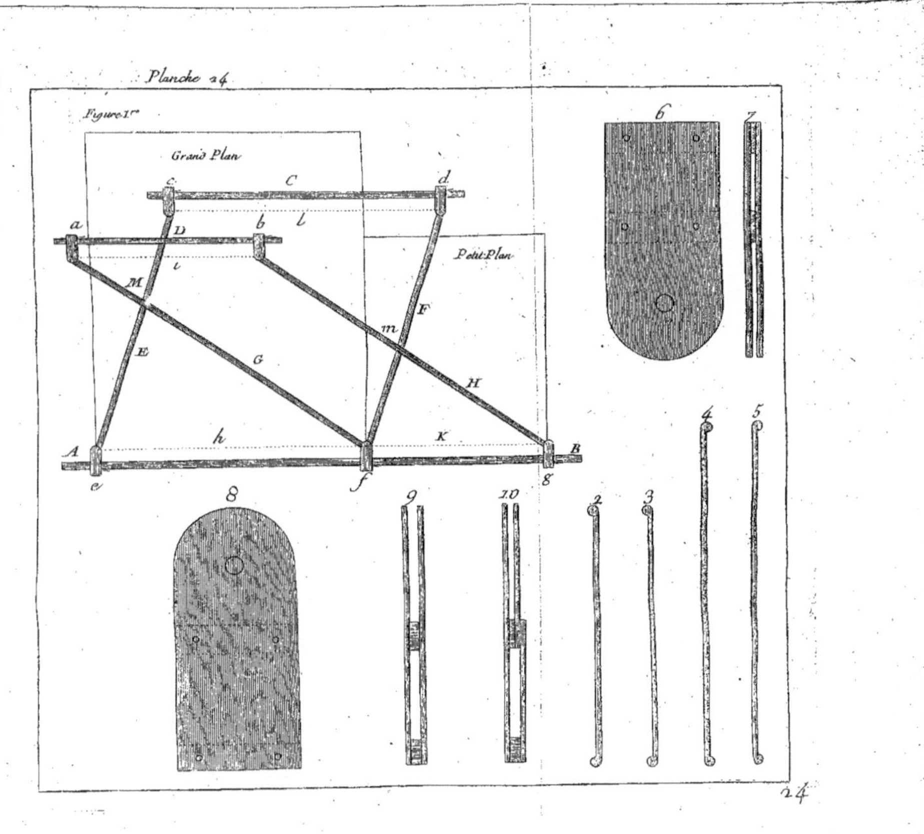

Planche 24
Figure 1.re
Grand Plan
Petit Plan
c C d
a D b l
M i
E G F m
H
A h K B
e f g
6 7
8 9 10 2 3 4 5
24